15 MIRADAS *a la* FELICIDAD

Adriana Patricia Leuro Carbajal,
Ana Jocabed Baños Álvarez, Ana M.ª Núñez de Arzt,
Carlos Barba Salazar, Elizabeth Guía Magallanes,
Juan Carlos Serrano Pulido, Juana Artero Ávila,
Luis Miguel Ortega Sánchez, M.ª Isabel Narváez Martín,
Manuel Gómez, Miguel Ávila, Paco Raga,
Ramón Rodil Gavala, Santiago Pulecio Bravo,
Soraya G. Cossío

Prólogo de Roger Domingo

Primera edición: noviembre de 2022
Segunda edición: octubre de 2023

Arcopress • Desarrollo Personal
Edición: Ana Belén Valverde Elices
Corrección y maquetación: Helena Montané

www.arcopress.com
pedidos@almuzaralibros.com - info@almuzaralibros.com

Editorial Almuzara
Parque Logístico de Córdoba. Ctra. Palma del Río, km 4
C/8, Nave L2, nº 3. 14005 - Córdoba

Imprime: PodiPrint
ISBN: 978-84-11312-77-6
Depósito Legal: CO 1463-2022
Hecho e impreso en España - *Made and printed in Spain*

La felicidad se alcanza cuando lo que uno piensa, lo que uno dice y lo que uno hace están en armonía.

Mahatma Gandhi

Índice

PRÓLOGO

A principios de 2021, en plena pandemia, la editorial Arcopress tuvo a bien publicar un libro que versaba sobre una de las cuestiones que, debido al confinamiento y a las distintas restricciones a la movilidad, en mayor medida nos afectaban como sociedad: la soledad. Escrita por 15 autores, todos ellos miembros de la comunidad de escritores MAPEA, que tengo el privilegio de dirigir, la obra se titulaba *15 miradas a la soledad* y tuvo una merecida buena acogida entre el público lector. Dicha buena acogida motivó que pronto llegaran a las librerías nuevos volúmenes que repetían el mismo patrón: 15 autores se acercaban a una cuestión de interés general para compartir con el público lector, sin ambages, prebendas ni atalayas intelectuales, su visión, experiencias y sentimientos sobre la temática objeto de estudio. Nacieron así, a lo largo de 2022, *15 miradas al amor*, *15 miradas a la libertad* y *15 miradas al desarrollo personal.*

Hoy, querido lector, tienes en tus manos la quinta entrega de una colección ya asentada en las librerías como el faro que nos guía en aquellas cuestiones sobre las que todos, en algún momento de nuestras vidas, hemos reflexionado. Una nueva entrega que nos permite seguir dialogando con una serie de autores que nos hablan de tú a tú y que nos invitan a compartir sus puntos de vista y a debatir con libertad y ánimo constructivo. En esta ocasión el objeto de estudio es un viejo, y aun así siempre presente, anhelo del ser humano: la felicidad. «¿Qué es la felicidad?», nos hemos preguntado desde tiempos inmemoriales. Y su derivada, «¿Cómo la conseguimos o dónde la encontramos?».

Ya en la Grecia clásica la felicidad era objeto de estudio y también de confrontación entre las distintas escuelas de pensamiento. Aristóteles consideraba que la consecución de la felicidad era el principal objetivo de cualquier persona: «El ser humano tiene como único fin ser feliz», afirmaba. Y para conseguirla uno debía obrar de acuerdo con la virtud: «El hombre feliz vive bien y obra bien», lo cual le permite lograr un estado de plenitud y sosiego del alma. Pero ¿bastan con la virtud y la paz del alma para alcanzar la felicidad? «¿Y qué hay de los placeres terrenales?», le contestaba Epicuro, creador de la Escuela de la Felicidad y para quien la felicidad también se encontraba en el disfrute y el gozo, tanto material como intelectual, aunque siempre en su justa medida. Es probable que ambos tuvieran razón, pues la felicidad es un sentimiento que a cada uno de nosotros arraiga de modo distinto. Lo que a mí me hace feliz no necesariamente debe hacerte feliz a ti. Y viceversa. Hacia ahí precisamente apuntaba Séneca, quien en su *De vida beata* escribía lo siguiente: «Todos los hombres quieren vivir felizmente. Aspiramos a ser felices y para ello intentamos descubrir qué es. Sin embargo, cada persona posee una respuesta, una definición de felicidad diferente». En mi caso siempre he creído que la felicidad son lo que podríamos llamar «momentitos», es decir, chispas fugaces en las que nos sentimos plenamente satisfechos con algo, con alguien o con nosotros mismos. Podemos tratar de descubrir la fuente o el porqué de estos «momentitos de felicidad», pero raramente se repiten, pues dependen de un cúmulo de circunstancias no siempre igualmente alineadas. Podemos, eso sí, advertir cuándo llegan e incluso tratar de prolongarlos en el tiempo, aunque necesariamente son efímeros y, en algún momento, así como han llegado, se desvanecen.

El objetivo de este libro es precisamente este: tratar entre todos de debatir acerca de la felicidad, compartiendo cada uno de nosotros nuestras experiencias y nuestros puntos de vista sobre qué es y cómo llegamos a ella. Y a esto se aplican, con rigor y presteza, los 15 autores en las páginas de este volumen.

Adriana Patricia nos invita a un recorrido por las distintas escuelas de pensamiento que han reflexionado acerca de la felicidad y nos alienta a abrir nuestra mente y nuestros sentidos para alcanzarla. Ana Jocabed nos traza las coordenadas del triángulo formado por el amor, la amistad y la felicidad. Ana María nos recuerda que la felicidad está siempre en nuestro interior y que es ahí donde debemos buscarla, por lo que debemos hacer un esfuerzo por des-cubrir quiénes somos en verdad. Carlos nos indica el camino para conseguir una felicidad plena, sincera y que perdure en el tiempo.

Elizabeth nos describe las situaciones límite que ha experimentado y comparte con nosotros las lecciones de vida aprendidas. Juan Carlos traza un recorrido desde la antigüedad hasta nuestros días por las obras y los autores que se han acercado al estudio de la felicidad. Juana nos invita a descubrir y adoptar los hábitos de las personas felices, todos ellos sumamente sencillos y al alcance de todo el mundo. Luis Miguel nos regala un texto de prosa poética en el que reflexiona sobre la fugacidad, esta característica intrínseca de la felicidad. María Isabel nos recuerda que todos tenemos una misión en la vida y que descubrirla es la llave para alcanzar la felicidad. Manuel Joaquín ahonda en la cuestión y nos invita a unir nuestro cuerpo, mente y alma en un todo indivisible para alcanzar un estado de serenidad que nos conduzca a la felicidad. Miguel nos relata la historia de Jorge Benito y su inquebrantable búsqueda de la felicidad, que encontró cuando se hizo responsable de su propia vida. Paco nos invita a descubrir lo que la neurociencia sabe acerca de la felicidad y nos describe los cuatro grandes jinetes que la producen, tales como las endorfinas, la dopamina, la oxitocina y la serotonina. Ramón reflexiona sobre la relación entre éxito y felicidad y nos explica por qué esta última no debe ser un objetivo, sino una consecuencia. Santiago se adentra en la historia del cine y nos describe cómo el séptimo arte se ha acercado a la felicidad. Y, por último, Soraya nos invita a contemplar la felicidad como un estado mental formado por emociones positivas y satisfacción con la vida y nos explica cómo alcanzarla gracias al *mindfulness.*

15 autores, 15 miradas, 15 textos sobre la felicidad reunidos en un único volumen pensado para que tú también reflexiones sobre la felicidad y cómo llegar a ella. Mi sugerencia es que te acerques a él con el mismo ánimo y propósito con el que fue escrito: sin prejuicios y con el ánimo de sumarte a la conversación, dejándote llevar y tirando de aquellos hilos que, página a página, vayan apareciendo.

Con ello, es probable que una vez terminada la lectura de esta obra adviertas que la felicidad no hay que buscarla, sino que es ella la que te encuentra. Y es también posible que concluyas con la sospecha de que, como ocurre con tantos ámbitos de la vida, la felicidad no sea la meta, sino el camino. O dicho en otras palabras, no alcanzamos la felicidad cuando llegamos a puerto, sino con lo que hacemos, sentimos y vivimos durante la travesía. Si esto ocurre, habrás llegado al punto de partida y coincidirás con Sócrates en que «El secreto de la felicidad no se encuentra en la búsqueda de más, sino en el desarrollo de la capacidad para disfrutar con menos». Feliz lectura.

ROGER DOMINGO

Director editorial en Grupo Planeta,
mentor de autores y creador del Método MAPEA.

ADRIANA PATRICIA LEURO CARVAJAL

¿ES POSIBLE ENCONTRAR PLACER Y FELICIDAD EN CADA MOMENTO DE LA VIDA? REALIDAD O QUIMERA

¿ACASO EXISTE LA FELICIDAD?

En múltiples ocasiones se escucha decir que la felicidad no existe y que, además, son muy pocos los que pueden acceder a ella. Para algunas personas, el concepto de felicidad se relaciona con situaciones discontinuas y excepcionales, que solo llegan a disfrutar quienes gozan de buena suerte. En otros casos, la felicidad es relacionada con altos niveles de euforia continua y prolongada, representados en carcajadas y sonrisas. Contrario a esto, hay quienes, al sentir tristeza y agobio, dicen que la felicidad no es para ellos, como si entendieran que no está a su alcance, pareciera que solo observan a quienes están predestinados a ser felices. Finalmente, muchos determinan que ser feliz es la esencia de la vida.

Aun así, muchas personas dicen sentirse felices por estar vivas, tener salud, trabajo, poseer un sitio limpio, seguro y tranquilo para poder dormir. También, por disfrutar de alguien a quien querer o saber que tienen quien las quiera. Si se analiza la felicidad, desde esta perspectiva, tal vez podamos entender que «se es feliz en cada momento de la vida». Que el disfrute de la misma no es solo el resultado que se obtiene de los eventos excepcionales, sino principalmente del disfrute del camino, la observación de los detalles del sendero, el conocimiento del proceso de la vida, entre otros.

Podría decirse que la felicidad es un cúmulo de pequeños momentos de satisfacción que se obtienen si disfrutas del día a día. Para comprobar esta hipótesis, me di a la tarea de preguntar de manera espontánea y casual, a personas de diferentes edades: «¿Qué es para ti la felicidad?». Y me sorprendió lo que encontré. A continuación, comparto algunas respuestas:

- «Para mí, la felicidad es poder dormir, es disfrutar cada momento con mi familia, es compartir con mis amigos, es tener momentos especiales con mi pareja».
- «Mi felicidad son mis hijos, verlos crecer sanos, fuertes e inteligentes, saber que les puedo proveer lo que necesitan para crecer bien».
- «Yo soy feliz porque me siento tranquilo, tengo fe en Dios, me siento en paz conmigo y con los otros, además estoy enamorado».
- Varias personas coincidieron en comentar: «La felicidad para mí es tener salud, muchos otros murieron como resultado de la pandemia, y mi familia y yo estamos vivos y sanos, tenemos trabajo, mientras que otros, lo han perdido».
- Otra persona, que estaba cerca, escuchando las respuestas, asintió con su cabeza y agregó: «Para mí, felicidad es poder comer cuantas viandas pueda y tomar cuantos tragos haya, jajajaja».
- Uno más exclamó: «Estoy feliz porque me falta un año para jubilarme». En complemento, un viejo amigo que estaba a su lado expresó: «Yo estoy más feliz que tú, porque me jubilaré en un mes, jijiji».
- Por último, alguien más añadió: «La felicidad para mí son esos momentos que te quitan el aliento, que forman parte de la vida, que te hacen sentir mejor. En general son momentos agradables, de placer, que se expresan con alegría. Para mí —replicó—, la felicidad es otro sentimiento humano. Es como si tuvieras un menú de sentimientos, un abanico de

posibilidades, en el que aparecen también la tristeza y la nostalgia para enseñarte cosas nuevas en la vida».

En consecuencia, durante el desarrollo de la encuesta, todos los participantes mencionaron algo que les produjo alegría, bienestar, gozo, satisfacción y placer. No solo fueron emociones físicas, eran también percepciones espirituales e intuitivas. Para ellos, el simple hecho de imaginar su respuesta fue especial y les supuso bienestar. Sentir que era verdad, que su realidad actual les permitía sentirse felices, les hizo profesar satisfacción personal.

Lo anterior se observa cuando se les pregunta a las personas de cualquier género y edad: «¿Qué es para ti la felicidad?». Muchas de ellas empiezan a evocar en sus memorias momentos hermosos, miran al horizonte o al cielo, y relacionan la felicidad con tranquilidad, gozo, paz interior, deleite, amor, placer y complacencia.

La expresión de sus rostros se suaviza, exponen un color rosa en sus caras, sus pieles se relajan, mientras buscan imágenes agradables en su cerebro y guardan silencio por un instante. Luego, como si hubieran encontrado esa respuesta tan anhelada, empiezan a hablar, transmiten emociones auténticas. De tal forma que creen haber escuchado cosas hermosas y positivas, que les hubieran colmado el alma. Al parecer, se sienten plácidas, tranquilas, dispuestas a lograr cosas. Quieren encontrar aquello que les ha dado mayor satisfacción en la vida, su postura corporal es más erguida, como si la ilusión de logro las invadiera.

En algunos casos, pasan de estar apáticas a quedar sonrientes. En otros, se iluminan sus ojos, como si estuvieran encontrando cosas maravillosas y magnificentes en su interior. Se percibe cómo se llenan de una sensación de esperanza por la vida, como deseando lo mejor, ansiosas y merecedoras de buenas cosas. Quizá por un momento percibieron algo bonito, espectacular y extraordinario, tal vez el reflejo de la abundancia y la generosidad invadió su corazón y su ser.

Pero también, se encuentran seres llenos de nostalgia. Se puede analizar que las respuestas dependen del momento por el que ellos están pasando. Por más optimistas que sean, algunos han perdido familiares o amigos queridos de forma repentina y prefieren no contestar. Sus ojos se llenan de agua y rompen en llanto. Y, después de unos minutos, aciertan a decir: «Pero me da alegría saber que pude disfrutar de su presencia mientras estuvo vivo(a)». De repente, recuerdan situaciones de alegría, visualizan sus memorias, como si fueran imágenes reales que vitalizan su existencia, y las hacen sentir mejor.

Cada persona decide qué es lo que la hace feliz, es relativo a la subjetividad de cada individuo. El gozo, placer y disfrute provienen de una decisión humana personal. Si decide ser feliz, lo será, encontrará bienestar, satisfacción, alegría y aprendizaje en cada momento de la vida. Incluso viviendo momentos difíciles y complejos, encontrará sabiduría en ellos.

Tomar la decisión de ser feliz implica ver lo positivo de cada situación. Aunque se conduela el alma y se sienta dolor físico, invita a ser consciente de que llorar propone nostalgia, pero también deja salir el dolor y trae regocijo; produce tranquilidad, es como un bálsamo que recorre el ser. Siempre habrá algo que le dejará ver lo bueno que hay detrás de cada momento vivido.

Entonces, ¿cómo relacionar el hedonismo con la vida diaria?

El hedonismo es la escuela filosófica que determina que el placer es el único fin y fundamento de la existencia humana. Proviene del griego *hédoné* que significa encontrar placer, gozo y satisfacción en el disfrute cotidiano. Es bienestar que proviene de regocijarse en asuntos como la amistad, las artes, la belleza, admirar el horizonte, el misterio que proyecta una noche sin estrellas, lo especial de una noche estrellada, la complejidad del conocimiento, entre otros.

Para el hedonista, los placeres físicos son efímeros porque no pasan de ser momentos espontáneos con cortos períodos de satisfacción. Los historiadores hablan de las siguientes dos escuelas principales de filosofía hedónica:

- **Cirenaica**, liderada por Aristipo de Cireno, discípulo de Sócrates. Fundada entre los siglos IV y III antes de Cristo. Basa su creencia en el placer del individuo, sin tener en cuenta a la sociedad, y asumido por decisión propia. Invita a extraer el placer de cada momento vivido en el presente porque el futuro es incierto.

- **Epicúrea**, promovida por Epicuro de Samos, tenía por objeto evitar los momentos de sufrimiento aplicando la prudencia y la razón. Combinaba conceptos socráticos y aristotélicos. Sugería aplicar el autocontrol y el control de los placeres para evitar el sufrimiento mundano generado por los placeres momentáneos.

A continuación, se evidencian otras líneas o corrientes hedónicas:

- **Eudemonismo**, creada por Aristóteles durante el siglo VI a. C., justificaba todos los actos que resultaren necesarios para alcanzar la felicidad, siguiendo, de manera instintiva, la naturaleza humana conformada por lo físico y mental.
- **Libertinismo**, liderada por John Wilmot (1647-1680), poeta y escritor inglés, defendió el amor violento y extravagante, escribió a la nada, a la muerte y a la sensualidad. Otro representante de esta línea fue el Marqués de Sade (1740-1814), quien defendió el placer sexual obtenido a partir de dar sufrimiento a otros.
- **Utilitarismo**, creada en el siglo XVIII y XIX, cambió la concepción del placer individual por la del placer colectivo o social. Sus autores Jeremy Bentham (1748-1832), James Mill (1773-1836) y John Stuart Mill (1806-1873), filósofos británicos, defendieron el placer de ser útil en la sociedad, para propender por el bienestar social de la mayoría.
- **Hedonismo contemporáneo**, propuesta por los franceses Michel Onfray (filósofo) y Valérie Tasso (escritora y sexóloga), quienes reivindican el libertinaje, el erotismo, la gastronomía y el placer sensual como pasiones corporales aliadas del goce y el júbilo del instante presente, por encima del devenir.
- **Ataraxia**, promulgada por Demócrito (460-370 a. C.). Viene del griego y significa *imperturbable*. Basa su filosofía en la libertad que tienen los seres humanos para controlar los deseos emocionales a partir de la razón. Fue

desarrollada por los epicúreos y los escépticos, quienes promovían el equilibrio mental y corporal, a partir de la combinación de tres conceptos: 1) serenidad, 2) tranquilidad y 3) imperturbabilidad, con el objetivo principal de apartarse de los temores que pudieran espantar a la felicidad. La ataraxia podría en algunos casos confundirse con la apatía promovida por los estoicos que, aunque presenta comportamientos parecidos, tiende a ser tratada como un padecimiento de salud mental.

Como se puede observar, las posturas teóricas hedonistas expuestas aquí refieren placer individual y/o colectivo desde dos perspectivas: 1) conseguir la felicidad y 2) evitar el sufrimiento. Es evidente que los escritos existentes, que hablan sobre el goce y el placer de vivir, insisten en que ser felices y evitar el sufrimiento son el resultado de una decisión personal.

Adicionalmente, y si prestan atención, pueden ver cómo los buenos momentos producen emociones placenteras que influyen positivamente en las personas. Pareciera que mejoran la salud física, el estado de ánimo y las ilusiones de los seres humanos. ¿No les ha pasado que cuando viven momentos placenteros, ya sean familiares, de amistad, de pareja o de trabajo, su mente se relaja, se sienten menos tensos y hasta duermen más tranquilos?

¿Acaso no se sienten especiales y deliciosos cuando disfrutan de una siesta relajante, se deleitan con un helado refrescante, saborean una comida deliciosa, paladean una agradable cena o degustan un licor de su preferencia? Y ¿qué tal, cuando comparten excitantes momentos de intimidad con su pareja, les llevan una serenata bonita o gustan de una conversación amena? ¿Qué me dicen de escuchar un concierto sublime o de la complacencia que produce una lectura seductora? ¿Qué tal disfrutar unas vacaciones de esas que alguna vez soñaron y que por fin logran tener? ¿Por qué no recordar momentos placenteros escuchando música que les llena los sentidos?

Además, en diferentes momentos de la vida, se tienen conversaciones sencillas con personas desconocidas, pero que transmiten una confianza inexplicable. Entonces uno piensa: «Qué momento más agradable y ni siquiera supe su nombre». Y si son padre o madre, ¿qué opinan de la sensación de júbilo que logran con el nacimiento de un hijo? O de aquella estimulante sensación que perciben cuando alcanzan resultados que creían inalcanzables.

Ah, pero no menos importante es saber que luego de estar expectante ante resultados de salud críticos, les dan la excelente noticia que los resultados salieron favorables y que seguirán gozando de buena salud. ¿Qué tal cosas más sencillas, pero profundas, como la sonrisa de un niño, el cantar de las aves, ver una majestuosa puesta de sol, magnetizarse con una noche de luna y estrellas o quedar estupefacto ante la transformación de una larva en mariposa?

Finalmente, son tantos y tan breves los momentos de felicidad suprema, que solo si decidimos dejarnos sorprender por ellos, podremos llegar a entender lo que significan y lo que pueden contribuir a nuestra existencia. Es lo que se denomina felicidad hedónica, porque su finalidad se basa en el placer de cada momento. Es hedónico aquel que evita sufrimientos y que, además, permanece en el tiempo como si fuera una sensación natural que surge espontáneamente por el solo hecho de vivir.

¿Pero cómo relacionar la felicidad con el placer?

La felicidad podría tener un hilo conductor con el placer, la satisfacción y el gozo. Un concepto homogéneo en su significado global de alegría invita a saber que no siempre que se tienen momentos de placer se pueden catalogar como momentos de felicidad, porque son temporales y efímeros. Pero ¿cómo saber cuál es la diferencia entre ellos? Es un cuestionamiento de esos que dan vueltas en la mente y que, al final de los años, se resuelven con bastante pausa. Pues, habrá que vivir suficiente para entender que, como dicen en mi tierra (Colombia), «Quien lo vive es quien lo goza».

Robert Lustig (neuroendocrinólogo con formación básica y clínica relativa al desarrollo, anatomía y función del hipotálamo) ha estudiado dichas diferencias y dice que la felicidad es dar, y el placer es recibir. Es decir, si estos dos conceptos representan una contradicción, ¿cómo es que se interrelacionan? Esto nos lleva a reflexionar respecto de una especie de alianza estratégica que nos propone la vida para ser felices. Si vivimos dando, estamos destinados a recibir, y por tanto, seremos feliz eternamente.

Analizando lo mencionado por Lustig, la relación entre felicidad y placer parece tener una doble correspondencia y reciprocidad, en la que se da y se recibe en el mismo momento y por la misma causa. En dicha correspondencia se comparten asuntos como, por ejemplo, tiempo propio y ajeno, gozo personal y colectivo, entre otros. En este sentido, se practica ser feliz y se construye felicidad, porque se proveen tiempo, placer, sensibilidad y emocionalidad personal, para lograr respuestas que devuelven gozo y placer; todo ello como resultado de una decisión propia, pero compartida de manera abierta y sincera.

Entendido así, siempre que se viva con la decisión de suministrar felicidad con lo vivido, ella se devolverá como un bumerán. Todo lo que se realiza con placer, regresará de la misma forma, porque así decidimos que fuera. Se es feliz cuando se asume que todo lo que se vive, por pequeño que sea, representa bienestar para el ser humano, consiguiendo siempre una sensación de bienestar continuo promovido por cualquier instante de gozo, aprendizaje y bienestar. Será como ir construyendo con base firme una sensación de paz, tranquilidad y satisfacción permanente.

El placer atañe a vivir situaciones de gozo instantáneas y desconectadas, recrea situaciones de placer físico momentáneo, no trascendente. Por ende, si decidimos concatenar de manera consistente y congruente esos pequeños deleites del existir, tal vez logremos construir, sin mucha conciencia, un sentido de felicidad trascendente que pudiera convertirse en lo que anhelamos como sentido de vida.

En conclusión, el resultado espontáneo del disfrute diario puede lograrse mediante la vivencia consciente de todas las emociones. Para ser felices podemos decidir y practicar que, de ahora en adelante, todo aquello a lo que dediquemos nuestro tiempo será y producirá aprendizaje, bienestar y gozo. Vivamos conscientes de lo que podemos hacer, disfrutemos de los momentos presentes y seguro tendremos un mejor amanecer. Abramos nuestra mente y nuestros sentidos, que el resto llegará por añadidura.

Luego de este análisis, pienso que sí es posible encontrar placer y felicidad en cada momento de la vida.

ADRIANA PATRICIA LEURO CARVAJAL
@adrianapleuroc

Aprendiz de la vida, curiosa, valiente e inquieta. PhD en Economía y Gestión Empresarial; MBA en Administración de Negocios; especialista en Finanzas Públicas y Control. Contador público. Investigadora y docente universitaria. Con experiencia empresarial en los sectores de servicios financieros, logísticos, de educación, públicos, de consultoría, de manufactura y de salud.

Contacto: adrianapleuroc@gmail.com;
https://www.instagram.com/adrianapleuroc/;
https://www.facebook.com/aleuroster/

ANA JOCABED BAÑOS ÁLVAREZ

FELICIDAD Y AMOR

Amamos todo lo que nos implica, afecta e interesa: nuestra familia, trabajo, mascotas, pareja, hijos, amigos. Solamente nos interesa lo que amamos porque no hay amor sin interés. Interés es lo que está entre —al menos— dos que se mantienen próximos. A través de la historia, los humanos hemos tenido que inventar el amor y también aprendido a cultivarlo con deseo. No hay una sola forma universal de amar y desear.

Ahí donde nosotros decimos amor, los griegos disponen de un repertorio más basto para nombrar diversas formas de amar-desear: *Storge, Eros, Philia, Ágape*. Portadores de larga tradición, cada uno son caldos de cultivo distintos; según el orden y la disposición de sus ingredientes, se activan o no los saberes y —por qué no— los sabores con los que se mezclan el amor-deseo y la felicidad y alegría. Cada forma de amor es pertinente, en tanto que uno derive en otro en el transcurso del vivir:

- *Storge,* quizá el menos conocido, es el amor entre padres e hijos. Supone un amor comprometido, sosegado y de miramientos, que perdura en el tiempo y deja fuera el deseo sexual y las relaciones incestuosas entre los miembros de la familia.
- *Eros,* amor-pasión. Es el amor azadón que toma para sí y quiere poseer. Es sufrimiento, ya que desea lo que no tiene

y cuando lo tiene, resulta que quiere otra cosa. Es la pastosa pasión del enamoramiento.

- *Philia* es amor de cercanías. La amistad no es una relación especular, sino amor que se alegra al compartir y procura el bien de quien nos hace bien.
- Ágape es el amor al próximo. Se extiende a todos aquellos que ni nos sobran, ni nos faltan, ni nos hacen bien; a los que no son familia, de quienes no estamos enamorados ni tampoco son nuestros amigos, pero que están y que tendríamos que amarlos, aunque sean enemigos. Ágape es un amor que ordena el amor universal.

En este espacio transitaremos los senderos de la felicidad y la alegría en ese territorio amoroso que los griegos llamaron *philia* y con el que nosotros celebramos la amistad, no sin antes, por contraste, hacer una escala en *eros*, que alude a la pasión amorosa.

Habrá felicidad si y solo si hacemos lo que deseamos, y deseamos lo que hacemos. Ahora bien, si deseamos lo que no tenemos y cuando al fin tenemos lo que tanto deseamos, resulta que ya no lo queremos o que esperábamos otra cosa, la frustración, el aburrimiento y la insatisfacción de la pasión amorosa no se harán esperar. En esos caldos se cultivan eros y philia y es donde se cuecen, al primer hervor o a fuego lento, nuestras pasiones o nuestras acciones.

Otro componente del amor es el deseo. Hay amor si el deseo ilumina aquello deseado. En la tradición filosófica, encontramos dos formas de definir el deseo:

1) Eros: pasión, carencia, insatisfacción perenne, esperanza.
2) Philia: potencia, acto, virtud, presencia y alegría.

Eros

Existe un mito llamado «Eros, el hijo del recurso y la carencia». Es una de mis historias favoritas, la cual me permito resumir de la siguiente forma:

Una mujer llamada Diótima, vidente y amiga de Sócrates, hace circular —en boca del sabio— la versión más célebre de todos los relatos míticos que narran el origen del amor.

Cuando nació Afrodita, los dioses echaron la casa por la ventana. Hicieron una fiesta y, entre los invitados —habitantes del Olimpo—, estaba Poros, hijo de Metis (la primera esposa de Zeus). A la hora de la comida, vino a la puerta, con mucho apetito, Penia, la Carencia. Como no fue admitida, se quedó afuera a mendigar. Poros, embriagado por el néctar, salió al jardín y, entorpecido por la borrachera, se durmió. Movida por su carencia, Penia siguió a Poros y se hizo embarazar esa noche, sin que él lo supiera. El día en que Afrodita nació, Eros, el amor, fue concebido.

Metis, la abuela paterna, es conocida como doña Prudencia. Algunos otros la llaman agudeza y, los latinos, ingenio. Como prudencia es una virtud frente a las contingencias, la agudeza permite decidir de acuerdo con la oportunidad. El ingenio es una manera de vivir jugando, que elimina la monotonía de la vida. Los latinos concebían dos formas de ingenio: el agudo y el obtuso. El agudo abre camino rápidamente y permite transmitir un asunto de una forma ágil y veloz. La agudeza es «tan hábil», que tuvo un hijo llamado Poros.

A Poros (en gr. *Poros*), cuyo nombre es idéntico al de esos agujeritos por donde respira y transpira nuestra piel, le apodan «el Recurso», así como «la Oportunidad», «la Vía Regia» y «el Expediente». La palabra expediente (en lat. *Expediere*), lejos de ser un montón de hojas y legajos archivados y empolvados, significa dar curso conveniente, oportuno y expedito. Expediente es entonces el medio para salir de una dificultad; es la vía oportuna.

La señora Penia, mamá de Eros, es la pobreza personificada. Se caracteriza por la aporía (una palabra compuesta por una *a-* de privación y *-poria* de poros*)*. Penia carece de recursos, está en un «callejón sin salida», por lo que permanece en un estado de duda e incertidumbre. Penia siempre tiene apetito. *Apettius*, en latín, significa «deseo amoroso».

Eros es y representa la pasión amorosa. Toda pasión (del griego *pathos*) es sufrimiento, tristeza y afección de una falta que fagocita, atropella, pasa por encima. Eros es deseo que consume cuando se está enamorado.

La iconografía renacentista representa a Eros como un ángel, un niño travieso, ataviado con arco y flechas que lanza por doquier, sin ton ni son, a ojos vendados, provocando heridas de amor en aquellos que, hasta entonces, no tendrían nada entre ellos. Las flechas de Eros no hacen distinción en la edad, clase social, títulos, etc. La pasión amorosa se abre camino por la herida que el flechazo ocasiona. Estar enamorado es el repentino descubrimiento de que alguien nos falta.

Es Platón quien, en «El Mito del Andrógino», liga al deseo con la felicidad futura, pues el deseo platónico aspira al restablecimiento de la completud perdida. La felicidad llegará cuando se tenga aquello que no se tiene: «¡Cuando tenga un nuevo trabajo donde gane más y disponga de más tiempo, entonces seré feliz!», «¡Qué feliz seré cuando encuentre mi alma gemela o cuando me saque la lotería!».

Para Platón, Eros es un deseo que aspira a la completud como felicidad. Esa búsqueda de lo que falta en «la media naranja» se remonta a uno de los textos más hermosos de la literatura griega, «El banquete o del amor», que es uno de los Diálogos de Platón. Ahí, Platón nos dice cosas conmovedoras sobre el amor-pasión y lo hace de una manera cómica, en boca, precisamente, de Aristófanes, el comediante —uno de los invitados al banquete en la obra de Platón.

Cuenta Aristófanes que, en un principio, había 3 tipos de humanos con cuerpos esféricos: 1) aquellos «todo macho», 2) aquellos «todo hembra» y 3) la esfera «macho y hembra». Cada esfera tenía un par de genitales, según su constitución, así como dos caras, un cuello redondo, cuatro brazos y cuatro piernas. Para circular a alta velocidad, esta raza de humanos giraba dando vueltas sobre sus ocho miembros, a manera de una rueda de carro. La descripción evoca a los payasos de circo que, enfundados en un mismo traje, se tropiezan y derriban mutuamente. ¿No es acaso así de cómico el amor?

Aristófanes nos narra que, un día, estos humanos andróginos con cuerpos esféricos[1] se rebelaron contra los dioses. Sabiéndose fuertes, se creyeron semejantes a ellos y construyeron una escalera para ascender al Olimpo. Al ver la rebelión, Zeus —el dios más importante—, reunió al consejo para defenderse. La primera decisión tomada fue sexuar[2] los cuerpos de los andróginos, para que cada uno fuera dividido en dos: «Los separaré en dos. Así se harán débiles [...], caminarán en posición erecta sobre dos piernas. Pero si todavía se muestran insolentes, nuevamente los dividiré, de tal modo que se verán obligados a caminar saltando en un solo pie». (Platón, pág. 363).

Tras la sexuación, Zeus mandó a Apolo a curar sus heridas. Apolo cosió las carnes colgantes y las anudó en ese punto que llamamos ombligo. Como una segunda intervención, les dio vuelta al rostro para que los hombres tuviesen siempre a la vista la cicatriz y recordaran el castigo. De esta manera, los humanos quedaban permanentemente sobre aviso de que, de volver a sublevarse, la dosis podría repetirse.

Las mitades andaban tristes, sollozantes. Buscaban ardientemente la parte que habían perdido. Cuando, por suerte, la encontraban, se reunían, se abrazaban y así, enlazadas, deseando fundirse en una sola pieza, morían de inanición, pues no querían hacer nada más. Si moría una de las mitades primero, la que quedaba viva, al no soportar su soledad, buscaba a otra mitad igualmente solitaria y así, enlazadas de nuevo, les llegaba la muerte.

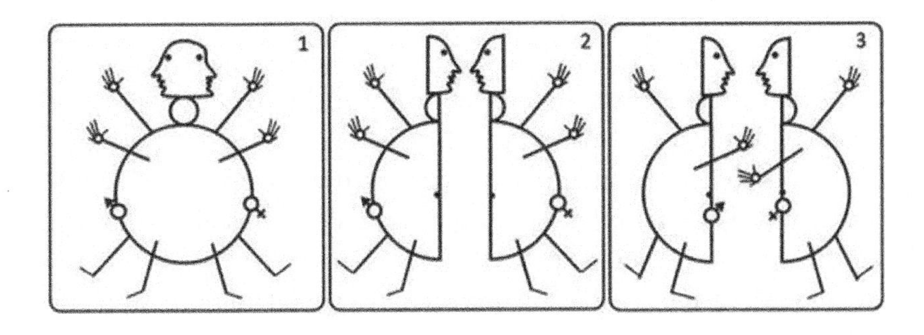

Para aliviar esa tristeza, Zeus, con compasión, ordenó una tercera intervención: les colocó sus «miserias» por delante (cuando ordenó voltear la cara para ver el corte, los genitales habían quedado en la parte de atrás). Así, las partes tendrían el deseo de encontrar la otra «media naranja» y, al encontrarse, regocijarse en el abrazo y tener descendencia. El amor es la unión de dos partes que se vuelven una sola carne.

Eros, hijo de Poros y Penia, no tiene nada que ver con el amor romántico ni con el amor cortés. Es un híbrido de doble naturaleza, mediado por figuras opuestas: del padre, recibió la abundancia y, de la parte materna, la carencia. Eros es rico y pobre a la vez. El amor es mezcla de una cierta fortuna y desdicha. Eros es también el recurso oportuno de la carencia. Así, podemos observar que hay quienes se pasan la vida buscando aquello que les complete para ser felices, sea que esa falta tenga rostro de pareja, de trabajo, de dinero, de hijo, de auto, casa, etc. Por ello, los enamorados quieren estar siempre juntos, para ser la unión de las dos «medias naranjas».

El amor definido desde la forma de «Eros», desea aquello que no tiene y, cuando lo tiene, desea otra cosa. Y así, deseando, se va pasando la vida. La razón de esto es que siempre estamos deseando algo que no tenemos.

Desear lo que no se tiene

Podemos decir que la felicidad radica en poder desear lo que tenemos, lo que hacemos y lo que sucede. Pero si el deseo platónico es deseo de lo que no se es, de lo que no se tiene y/o de lo que no se hace, ¿cómo podría haber felicidad?

El amante sufre de manera atroz cuando la amada le ha abandonado. En tal condición, está dispuesto a todo para que vuelva. Sin embargo, cuando la amada está de regreso, el amante se aburre y, ahora, es él quien está dispuesto a dejarla.

Eros es como un péndulo que oscila entre el sufrimiento y el aburrimiento. Hay sufrimiento por no tener lo deseado y aburrimiento y tristeza por tener lo que ya no deseamos.

El amor-pasión no quiere a una tal mujer o a tal hombre, sino que quiere dominarlo. No se ama al hijo que hay —sea bueno o malo—, sino que se ama al hijo ideal, que no hay. Se desea ser feliz, deseando lo que no es actual ni presente y, esto es lo que separa a los humanos de la felicidad en el mismo movimiento que el deseo persigue.

Si siempre se desea una vida futura y no se puede disfrutar de la actual, no importa qué tan buena sea la vida que tengo. Siempre habrá otra ideal que podría ser mejor. Eso es vivir en desgracia y en insatisfacción, porque la felicidad siempre estará en un más allá y no se sabe cómo desear en el aquí y ahora.

La nostalgia es la creencia de que todo pasado fue mejor y que la felicidad estaba allí. La pasión amorosa es la certeza de que la vida feliz es futura: está en el más allá. En ambos casos hay sufrimiento porque no se advierte que, en el presente, se crea el futuro y se cambia el pasado. En cambio, si hoy hago lo que tengo que hacer y deseo hacer lo que estoy ya realizando, la felicidad es actual y se actualiza.

¿Cómo se podría ser feliz? Si el deseo aspira a lo que falta, entonces se desea lo que no se tiene y nunca se tiene lo que se desea. En dado caso, solo se tendría lo que se deseaba y, como ya no se desea, se pierde el interés. El deseo sería una insatisfacción perenne. Uno no puede aspirar a la felicidad como algo que le falta, porque entonces nunca la conseguiría.

Eros es esperanza. La esperanza es fuente de todo sufrimiento, es terrateniente de todo lo que no depende de mí. Solo se espera al ausente, lo que no está, lo que no es, lo que no se tiene. No puedo esperar lo que ya tengo, lo que soy y lo que ya hago.

Philia

La otra forma de definir el deseo es la alegría de la amistad. El amor *philia* participa del término *Philosophia,* que surge por vez primera en la pluma de Platón, en sus *Diálogos.* Con ella, da nombre tanto a la actividad educativa que se desplegaba en su escuela, como a la investigación que realizaba por medio del método dialéctico. Platón investiga un mundo en el que tuvo lugar el saber-hacer de los sabios y recarga, con tinta, a una evanescente y tenue sabiduría que perteneció a la alicaída tradición oral.

La filosofía es amor por la sabiduría. Sin embargo, Michel Serres sugiere que «cuando estamos frente a una palabra compuesta por raíces griegas, es mejor subvertir el orden, leyéndola al revés de como está escrita»[3]. Por ejemplo, *automóvil*: se mueve por él mismo; *geología*, ciencia de la tierra. Así, el término filosofía está compuesto por *philo* y *sophia;* trata de *la sabiduría de la amistad.* La amistad es una forma de amor-deseo tan estrechamente ligada a la definición misma de la filosofía que, sin ella, la filosofía, no sería posible. La intimidad entre amistad y filosofía es tal, que el término incluye el *philos*, el amigo.

En la «Academia», la escuela de Platón, se encontraba estratégicamente colocado en el traspatio un letrero que advertía con tinte de humor: «Se excluye de este lugar a quien no esté dispuesto a amistarse con otros visitantes al jardín de los teóricos».

Philia es el amor que da y disfruta dando en relaciones recíprocas. La principal fuente de alegría es que el amigo exista.

Desear lo que se tiene

Aristóteles indica que amar es desear el bien de aquel a quien se ama. Es la alegría del amor, porque amar es regocijarse en el presente con lo que se es y se tiene. Philia es deseo de lo que no nos falta ni sobra.

Si en Eros el deseo es esperanza, en philia es voluntad (lat. *Volutas*). Y si la esperanza de Eros es de todo aquello que no está en nuestras manos, la voluntad funciona para realizar las cosas que sí dependen de nosotros.

La voluntad es el deseo en acto. Es una fuerza que actúa y que puede actuar. Hay acto y alegría cada vez que hago lo que deseo y deseo lo que hago. Visto así, ¿cómo podría faltarme lo que ya estoy realizando?

Hay un abismo entre «esperar ser feliz» y «ser feliz». Es como la separación que hay entre el deseo como carencia (que es espera y pasión) y el deseo como potencia (que es acto, realización y alegría).

Cabe señalar que, para hacer tal o cual cosa, no se requiere «fuerza de voluntad», porque paradójicamente, no se puede forzar la voluntad que, en sí, ya es una fuerza que puede actuar. Forzar la voluntad es apagar el deseo que le habita.

Aristóteles celebra la amistad diciendo cosas hermosas en la *Ética Nicomáquea*. Philia es la condición para la felicidad y en ella se disuelven las desgracias. Los amigos disfrutan los unos con los otros y de la amistad misma. En su capítulo X, dice «Quien tiene muchos amigos, no tiene amigos». No se puede ser amigo de todos ni de la mayoría. Philia no es carencia ni fusión, sino comunidad, solidaridad, fidelidad.

La amistad es una intimidad competente. Giorgio Agamben sugiere que es una inclinación y potencialidad, como la del carpintero hacia la madera. El buen carpintero ama la madera, es amigo de la madera. Tal como los filósofos son amigos de la sabiduría y, por lo mismo, se ocupan de la felicidad, la pretenden y se emplean potencialmente en ella.

El amigo de la felicidad es el pretendiente y sobre quien recaen los beneficios de su pretensión. La felicidad de la que hablamos no es cualquiera. No se obtiene con *shots* de ilusiones ni diversiones extremas. Tampoco es el efecto de un coctel de pastillas de tono multicolor legales o ilegales. Tampoco tiene relación con la dopamina, ni con ningún otro tipo de producto. Y aun si, en tales circunstancias, se produjera algún dejo de felicidad, a esa no podríamos llamarla sabiduría.

La felicidad de la amistad es la del buen vivir, felicidad que por siglos fue objetivo de la filosofía (amor a la sabiduría), puesto que, en la tradición griega, la sabiduría es un saber-hacer, que se sopesa por la felicidad. La felicidad ligada a philia es una singular forma de desear.

Dada esta correlación de filosofías y definiciones del deseo y del amor, podemos concluir que:

1. La amistad es una condición de la felicidad. Philia desea lo que sucede, lo actual, en presente. Philia desea un ser, un *esse-ens*. Como nos sugiere Chantal Maillard, es un suceder.
2. La clave de la felicidad es que su propósito no es dominar ni poseer lo deseado, sino alegrarse de que exista.

Bibliografía

Agamben, Giorgio (2016). *¿Qué es un dispositivo?* Buenos Aires; Adriana Hidalgo.

Aristóteles (1998). *Ética Nicomáquea.* México; Editorial Porrúa.

Comte-Sponville, André (2005). *Pequeño tratado de las grandes virtudes.* Barcelona; Paidós.

Falcón, Constantino (2000). *Diccionario de la mitología clásica, Vols. 1 y 2.* México; Alianza editores.

Colli, Giorgio (1996). *El nacimiento de la filosofía.* España; Tusquets.

Platón (1993). *Diálogos de Platón.* México; Editorial Porrúa.

Serres, Michel (2005). *¿En el amor somos como las bestias?* Madrid; Akal.

Notas:

[1] En la tradición griega, la esfera, *sphayros*, es, de todos los lados, parecida a sí misma, aglomera, asimila, aglutina.

[2] Sexo deriva del latín *secare*, que significa cortar, dividir, separar. Se usa el eufemismo « parte» o «partes» para nombrar el sexo.

[3] Michel Serres fue un filósofo francés. La cita fue tomada de la pág. 8 de su libro *¿En el amor somos como las bestias?*

ANA JOCABED BAÑOS ÁLVAREZ
@sonabana.art

Vive en Monterrey, N.L. México. Analista, maestra en Psicología Clínica y maestra en Artes, con especialidad en Difusión Cultural. Docente en la Facultad de Piscología de la UNAL. Ha sido vicepresidenta de la Sociedad de Criminología, en su capítulo Nuevo León. Ha diseñado diversos proyectos de impacto social entre los que destacan: ASPIRA, programa de atención al sufrimiento causado por la extorsión, el secuestro y la sustracción forzada y ESCUCHARTE, programa de atención al sufrimiento humano. Participa también en otros proyectos literarios: #TwitteraturaLab, «15 Miradas al Éxito», «Luces del cambio» y «El coleccionista de Teteras». Acceso a RRSS: https://linktr.ee/sonabana.art

ANA MARÍA NÚÑEZ DE ARZT

LA FELICIDAD DE DES-CUBRIR TU VERDADERO YO

En estos últimos años, a raíz de la situación tan disruptiva que vivimos todos sin haberlo planeado, ni solicitado; inmersos en una pandemia que llevó a los gobiernos a forzar a los ciudadanos del mundo entero a «quedarse en casa», nos hemos visto casi obligados a detenernos. El mundo se detuvo. El día a día, tan simple y cotidiano como lo conocíamos, se detuvo. Nosotros nos detuvimos. ¿Qué hacer? Se cancelaron los viajes, los encuentros con amigos y amantes, las visitas a la familia, las salidas a hacer deporte, a ir de compras, las tertulias en compañía de algún buen vino o chocolate en el restaurante o café favorito. No hacía falta lucir el último grito de la moda. La interacción con nuestros compañeros de trabajo cambió de vernos todos los días en persona a comunicarnos solamente a través de las pantallas de un ordenador. De pronto y de golpe, todo aquello que se supone nos daba felicidad, se detuvo.

¿Dónde está la felicidad?

Algunas corrientes intentan convencernos de que la felicidad es algo que está fuera de nosotros y la encontramos en cosas o en actividades externas. Esa felicidad que nos venden a diario en la publicidad, esa felicidad que nos hace creer que hay que salir a buscarla, que hay que perseguirla, que viene dada por externalidades de todo tipo, desde la botella de vino *vintage* superexclusiva hasta el lápiz labial super*sexy*. Existen suficientes industrias que nos «venden» ese concepto de felicidad porque mantiene la economía en marcha: «Haga esto o posea aquello y será feliz». Obviamente el mensaje en los espacios publicitarios es bastante más sutil. Desde el punto de vista de esas industrias, la felicidad está en cosas o actividades y se compra. Es decir, si eres pobre, eres doblemente pobre, no solo porque no podrás adquirir todos los bienes y servicios publicitados, sino también porque al no adquirirlos pierdes el billete tan preciado a ese tipo de felicidad que aparece anunciada en todas partes.

Otras corrientes intentan convencernos de que la felicidad está fuera de nosotros, pero no en las cosas, sino en las personas o en su interrelación con nosotros. Todos hemos oído que tenemos que encontrar esa pareja ideal, aquella media naranja que «nos hará feliz», o que la felicidad te la da la familia en la que naciste o que felicidad es aquello que sientes cuando traes hijos al mundo. ¿Y qué pasa si te tocó nacer en una familia disfuncional? ¿Qué pasa si no puedes o no quieres tener hijos? ¿Estás condenado entonces a ser infeliz?

En la última década se ha mencionado e interpretado muy libremente el famoso estudio de Harvard que se inició en los años treinta del siglo pasado, llamado «Estudios del desarrollo adulto», pero al que popular y erróneamente se refieren algunos como el «Estudio de la felicidad de Harvard», tal vez porque con ese nombre se vende mejor y se presta a titulares más sensacionalistas que el nombre real. Las interpretaciones populares de ese estudio nos dicen que la felicidad se basa en las relaciones interpersonales de cada uno. Habrá quien con justa razón haga notar que ese estudio investiga solo la vida de 724 hombres estadounidenses y que por esa razón poco tendrá de representativo considerando la enorme cantidad de etnias existentes con sus respectivas culturas y que de los ocho mil millones de personas que poblamos este hermoso planeta, la mitad no somos hombres. Si el lector investiga, encontrará que el estudio tiene dos partes: la primera, «The Grant Study» basada en la vida de 268 hombres citadinos, graduados de Harvard, y la segunda parte llamada «The Glueck Study» basada en la vida de 456 hombres, citadinos, no delincuenciales de los alrededores menos afortunados de Boston. Consciente de la obviedad de ese sesgo, hace poco más de una década, el cuarto director de estos estudios decidió incluir también a las esposas y los hijos de los sujetos de estudio originales. Pero hay otros sesgos menos obvios y aún más importantes en el momento de interpretar aquellos resultados. Todo depende de las propias tendencias de quien decida, apruebe y comunique al público en general el análisis y la interpretación del estudio. En un comienzo, según la propia formación académica de los directores responsables, los resultados reflejaban «la visión dominante de la época sobre la genética y el determinismo biológico».[1] Cuando fue Georg E. Vaillant, psicoanalista de la Escuela de Medicina de Harvard con especialidad en la Universidad de Boston, a quien le tocó llevar la batuta de los estudios, no solo se amplió el proyecto con los sujetos de estudio del área de Boston, sino que se determinó también que el éxito de la vida adulta no se hallaba en los genes o en la biología de las personas, sino como él mismo describe detalladamente en su libro *Aging well* (*Envejeciendo bien*), un matrimonio estable, la habilidad de lidiar con problemas, evitar cigarrillos, moderación en el consumo de alcohol, hacer ejercicio regularmente, educación superior y mantener un peso adecuado nos permite predecir treinta años saludables en el futuro, o sea, «ser feliz». Tal vez su interpretación resulte más comprensible si se considera que el suicidio del padre de Vaillant puede haber influido en su forma de entender los resultados de los estudios sobre mecanismos de defensa que fueron el foco de su trabajo y que ha estado casado cuatro veces en su búsqueda del matrimonio estable. Como miembro del Colegio Estadounidense de Psiquiatras y del Centro para Estudios Avanzados de las Ciencias del Comportamiento[2] ha sido invitado como conferencista a muchos seminarios y talleres en diversos países sobre todo por las afirmaciones de sus estudios en los que concluye que la calidez de las relaciones interpersonales a lo largo de la vida es lo que tiene el mayor impacto positivo en la satisfacción con la vida

1 Milán, Víctor, «Este estudio de la felicidad lleva más de 80 años siguiendo a decenas de personas», *Hipertextual, 16 de enero de 2022:* <https://hipertextual.com/2022/01/estudio-harvard-felicidad>

2 Wikipedia: <https://en.wikipedia.org/wiki/George_Eman_Vaillant>

misma. En palabras de Vaillant, el estudio muestra que «la felicidad es amor. Punto».[3] Tal vez estos estudios se hicieron tan populares no solo porque a alguien se le ocurrió llamarlos anecdóticamente «estudios de la felicidad», sino también porque cuenta con ilustres personajes entre sus sujetos de estudio como el expresidente John F. Kennedy y Ben Bradice, uno de los más prominentes periodistas de Estados Unidos y editor ejecutivo del *Washington Post* durante casi tres décadas. Si seguimos las afirmaciones que pretenden interpretar los resultados de ese estudio de manera muy simplista, nos encontramos con que la felicidad depende de la calidez de las relaciones interpersonales de cada cual. ¿Qué pasa cuando las relaciones interpersonales ya no pueden ser en persona, sino solo a través de la pantalla de un ordenador, como sucedió durante los dos años de pandemia? ¿Es que ahora estamos condenados a ser infelices?

Una tercera corriente define la felicidad como aquello que o nos llevará al éxito o que es consecuencia del éxito alcanzado. Esa felicidad es la que se supone que hay que llevar siempre puesta, siempre encima, una felicidad que está ahí para lucir. El abuso de creernos en la obligación de ser felices, sobre todo para los demás, de estar siempre alegres, optimistas y dispuestos, puede resultar terriblemente contraproductivo. Con esa corriente de la felicidad obligatoria los malos días son doblemente malos. Como si no bastara ya tener que batallar con nuestro mal día, nos convertimos en parias además por el estrés que causa no cumplir con la expectativa social de ser siempre la persona feliz que motiva y contagia su felicidad a los demás. Hay teorías que nos dicen «finge felicidad hasta que seas feliz». Eso es como decir «finge estar embarazada hasta que lo estés». ¿Cómo puede uno ser feliz con ese estrés a cuestas de la pura obligación de ser feliz? Y ya que estamos en la metáfora del embarazo, probablemente todos conozcamos a parejas que han intentado desesperadamente quedar embarazadas sin éxito... hasta el momento en que deciden dejar de perseguir como una obligación esa tan desgastante meta (emocional y financieramente) y sin esperarlo, de pronto les llega el embarazo deseado, pero ya no perseguido como una condena al fracaso en caso de no lograrlo.

Esas tres perspectivas mencionadas anteriormente nos desempo-

3 Wikipedia: <https://en.wikipedia.org/wiki/Grant_Study>

deran totalmente como seres humanos. La buena noticia es que nuestra felicidad no depende de nada ni de nadie más, salvo de nosotros mismos. La mala noticia es que muchos de nosotros aún no nos damos cuenta de ese regalo y seguimos creyendo en aquello, tan típico, de que la felicidad hay que buscarla. Bajo esa perspectiva creemos que la felicidad hay que perseguirla y que está fuera de nosotros mismos, en alguna cosa, en algún sitio lejano y misterioso o en otras personas, sin darnos cuenta de que la felicidad ha estado allí siempre, dentro nuestro, en nuestro verdadero yo profundo y auténtico, al que muchos no tenemos acceso porque fue *re-cubierto* paulatinamente con roles y máscaras que fuimos adoptando consciente o inconscientemente desde que nacimos. Sin embargo —y felizmente— nos podemos liberar de todo aquello si a pesar de todo juntamos la valentía necesaria para enfrentarnos a eso que fuimos creyendo de nosotros mismos, y nos atrevemos a dejar de encajar en lo que creemos que otros esperan de nosotros para poder ser finalmente quienes realmente somos.

Los roles que nos re-cubren

Desde que nacemos hasta que nos hacemos conscientes de eso, vivimos cumpliendo los roles que nos fueron impuestos sin que nos diéramos cuenta. Están los más obvios, como que si naces en un hogar que dice ser católico, te transmitirán esa doctrina religiosa en el pan de cada día sin que lo sospeches. O si en la casa que naciste son todos fanes del Real Madrid, pues en ese mismo pan diario absorberás el fanatismo por ese equipo. Con eso ya tienes dos roles que nunca solicitaste, eres católico y fan de un equipo de fútbol madrileño. Y no solo es que nunca los solicitaste, sino que en tu tierna infancia ni siquiera eras consciente que se trata solamente de opciones y que no tienes que ser ni católico ni fan del Madrid si no quieres; y más aún, que no tienes que profesar ninguna religión ni ser fan de ningún equipo de fútbol si eso no es lo tuyo.

Hay también una imposición menos obvia de roles y tal vez por eso mismo, más dañina. Por ejemplo, a las niñas se les solía educar con lo que se llama «*the good girl conditioning*» (el condicionamiento de niña buena). Las niñas no trepan árboles, las niñas no juegan con cochecitos, las niñas no juegan al fútbol, las niñas son siempre amables y sumisas, sonríen, cruzan las piernas al sentarse, y siempre se tienen que ver lindas y arregladas. Esos roles se adquieren y continúan luego en la adolescencia. Está mal visto que una chica tenga muchos novietes. A las chicas casi nunca se les explica nada sobre el placer sexual femenino, se les inculca que la virginidad en la mujer es una virtud y la pornografía no es cosa de señoritas. Esas sutilezas van creando tendencias de personalidad en las mujeres adultas que son resultado de esos roles.

Dejemos a las niñas por un momento y veamos lo que se les solía inculcar a los niños. A ellos se les permite jugar con cochecitos y a la pelota, pero en ninguna circunstancia con muñecas ni jueguitos de cocina. A los chicos se les alaba si tienen varias noviecitas, se les halaga diciéndoles lo machitos que son. Se les permite consumir pornografía sin mayor remordimiento, con el nada inofensivo agraviante que es de allí de donde luego obtienen un concepto erradísimo de lo que es el disfrute sexual en pareja. A los chicos se les dice que llorar es solo para débiles, para niñas. Como si ser niña fuera sinónimo de ser débil. Se les inculca que los hombres de verdad no lloran y que mostrar sentimientos es de «maricas». Se les inculca que ellos tienen que ser los proveedores de la familia sí o sí y que si no lo logran son unos fracasados. Los niños, con esa socialización, muestran luego tendencias de personalidad que son reflejadas fielmente en su vida adulta.

Pero hay un modo aún más sutil de asumir roles, como aquel que te dice que hay un solo camino de vida. Tienes que ir a la escuela y esforzarte para tener buenos resultados, tienes que ir a la universidad y ser exitoso en los estudios para que luego puedas ser exitoso en tu carrera profesional. Te casarás y tendrás hijos, tendrás una casa linda y un buen coche, viajarás por aquí y por allá, te jubilarás y tendrás nietos, y con eso fuiste una persona completa y feliz hasta el día de tu muerte. ¡Qué horror! ¿Y qué tal si a ti no te va bien en la escuela donde el sistema educativo mayoritariamente sigue creyendo que se trata solo de generar alumnos que aprueben exámenes basados en el coeficiente intelectual lógico-matemático? No serás muy feliz en ese rol porque si no es lo tuyo te convertirás en un «alumno problema», otro rol que no solicitaste. ¿Qué tal si a ti no te va estudiar económicas y empresariales en una universidad porque lo tuyo es vocación por el arte y amas componer música o poesías o esculpir madera? Pero el rol que te imponen en casa, con la mejor de las intenciones, rol que nunca solicitaste, dice que debes tener una profesión universitaria para ganarte la vida, como si la vida hubiera que ganársela, y que, por si fuera poco, del arte no se vive y debes tener una profesión «de verdad».

Hay otro tipo de socializaciones igual de perniciosas como aquella que dice que debes unirte a alguien en «santo matrimonio hasta que la muerte los separe». Todavía seguimos creyendo que es más sano mantenerse en una relación de pareja, aunque no nos sintamos bien en ella, aunque nos quite las energías, la alegría y la paz, aunque reprima nuestro desarrollo personal, antes que sanamente decidir que lo mejor para los individuos es seguir caminos separados. Aún hay gente que cree que un divorcio es un fracaso. Aún hay gente que sigue en «matrimonios-fachada» para mantener las apariencias del «éxito» en el rol del esposo o esposa ideal, tal como lo establece la sociedad. O matrimonios que preferirían separarse, pero no lo hacen porque creen que lo mejor para los hijos es tener a los padres juntos, aunque estos mismos padres vayan infelices por la vida, eso sí, guardando las apariencias de familia feliz. El rol de padre o madre de un hogar perfecto les impide ver que lo que más necesitan sus hijos es un ejemplo de padres y madres felices, de padres y madres que dialogan y que son capaces de ser padres sin dejar de ser individuos que viven su yo real sin tratar de encajar en roles solo por el temor al «qué dirán». Necesitan el ejemplo de padres y madres que disfrutan al máximo la vida sin culpas ni remordimientos y que no son muertos vivientes en un matrimonio que se convirtió en una sentencia a cadena perpetua.

La felicidad está y estuvo siempre dentro de nosotros

Y entonces, ¿cómo se saca ese yo verdadero a flote? ¡Atreviéndose a dejar caer las máscaras!

Nos hemos acostumbrado tanto a cumplir con expectativas ajenas de lo que debemos hacer y peor aún, de quiénes debemos ser, que ya ni nosotros mismos lo notamos, estamos mimetizados con aquellas máscaras y roles impuestos sin darnos siquiera cuenta.

Vas todos los días a la universidad a estudiar Derecho porque tu padre y tu abuelo lo hicieron, porque todos esperan que continúes la tradición familiar. Una tímida voz interior te dice que en realidad no es eso lo que quieres, que a ti lo que te llama es ser veterinario. Pero el adoctrinamiento te dice que tienes que cumplir con tu rol de satisfacer las expectativas de los demás, que no puedes defraudar a nadie, porque es lo que se espera de ti y te toca cumplirlo.

Te juntas todos los domingos con los amigos del barrio porque todos juegan al fútbol y no quieres desentonar, no quieres ser el rarito. A ti la verdad es que no te apasiona eso de correr detrás del balón y todo eso, tú lo que quieres es irte a nadar, eso sí es lo tuyo, la vocecilla interior te lo dice, pero no puedes desencajar, todos los amigos juegan al fútbol en tu barrio, eso es lo que se hace allí.

Llevas diez años de casada con el novio del instituto, tienes dos niños pequeños y hacia afuera son la familia feliz. Los padres ejemplares y abnegados, la pareja ideal desde hace tantos años. Pero en casa ni se hablan, solo tu mejor amiga sabe que aquella fachada no es real. Te controla hasta el tiempo que hablas con tus amigas, imposible tener amigos, y salir sola sería inimaginable. Hay una vocecilla interior que te dice que más que en un matrimonio vives en una prisión, pero qué le vas a hacer, no se puede cambiar, era hasta que la muerte los separe, mientras esa vocecilla te dice que estás muriendo en vida.

Eres una ejecutiva brillante, trabajas durísimo, te has ganado el respeto de todos y admiran la vida tan exitosa que llevas. Tú hubieras preferido ser maestra en la escuela local para niños con habilidades especiales, pero eras la primera de la clase, la listilla de la familia, prácticamente esperaban que fueras presidente de la nación, no podías decepcionarlos. La vocecilla en tu interior te decía que renuncies, que hagas lo que realmente sientes como vocación, pero tenías que seguir el camino de éxito profesional en las grandes ligas, eso es lo que se esperaba de ti.

Así se va llenando la sociedad de vocecillas interiores acalladas. Algunas para siempre, algunas no. Otras logran hacerse oír cada vez más alto, cada vez más hasta que ya no hay manera de ignorarlas. Ahí es cuando sucede «la magia», esa voz toma la palabra y te cuestiona, y ese cuestionamiento no es fácil, llevabas tanto tiempo estudiando derecho, jugando al fútbol, en ese matrimonio o en tu carrera exitosa que no te dabas cuenta de que tú no estabas siendo tú, estabas siendo solo los roles con los que te socializaron desde mucho antes. No estabas siendo feliz y ni siquiera lo sabías, hasta que te das cuenta.

Para algunos el momento de oír la voz interior llega envuelto en una enfermedad muy grave, en la pérdida de un ser querido, en forma de algún accidente trágico. Algo drástico ocurre en nuestras vidas y solo entonces le prestamos oído a esa vocecilla que finalmente se hizo escuchar con fuerza indiscutible. Si la dejamos hablar y empezamos a cuestionarnos daremos el primer paso para hallar el sendero del camino a nuestra felicidad, el sendero de un viaje a nuestro interior, el viaje más interesante de todos, ese que hace que mucha gente luego de esas crisis cambie por completo su vida para sorpresa de todos. No pocas veces esas crisis son malentendidas como un evento negativo en la vida de uno, excepto por quienes ya pasaron por ellas y saben que esas crisis son crisis para crecer, para desarrollarse como personas, la mejor oportunidad para empezar a ser la mejor versión de uno mismo. Allí es cuando empezamos a ser quienes realmente somos, cuando empezamos a hacer aquello que nos proporciona paz interior, aquello que nos hace sentir vivos. Lo que sucede cuando dejamos de vivir la vida que creemos que otros esperaban de nosotros, cuando dejamos todos esos roles, actividades, situaciones, trabajos y personas, que muy lejos de permitir que nos desarrollemos y expresemos en toda libertad, nos hacen sentir que estamos siendo obligados a estudiar esa carrera, a practicar ese deporte, a permanecer en ese matrimonio, a vivir ese éxito profesional; cuando dejemos todo eso, nos daremos cuenta de que ese lugar donde se halla la felicidad estuvo siempre dentro de nosotros. Nunca estuvo en cosas, en actividades, en sitios, en personas, nunca estuvo fuera, siempre estuvo DENTRO DE NOSOTROS mismos.

La felicidad no se compra y tampoco se sale a buscar, la felicidad no nos la puede proporcionar ninguna otra persona en el mundo. La llave de la felicidad está en el único lugar que no hay que ir a buscar, porque ese lugar está en nuestro interior, ese lugar somos nosotros mismos y lo único que hay que hacer es *des-cubrir* quiénes somos en verdad.

ANA MARÍA NÚÑEZ DE ARZT
@creciendojuntos.anamaria

La autora es una feliz y exitosa ingeniera de 49 años, máster en Administración de Negocios, Consultoría Internacional y Arquitectura Empresarial. Luego de haber ejercido profesionalmente varios años como vicepresidente de una transnacional alemana de ciento veinte mil empleados, decidió dar un giro radical a su vida a raíz de un *burn-out* de cuatro semanas que dio inicio al viaje más importante de su vida, el descubrimiento de su yo más interior y profundo. La autora se especializa actualmente en cursos universitarios de gestión de emociones y *mindfulness*.

Puedes seguir a Ana María en:
Blog: https://enmilpalabras.blog/
Facebook: Ana Maria Nunez de Arzt - Creciendo Juntos
Youtube: Creciendo juntos – En mil palabras
e-Mail: anamariaescritora@yahoo.com

CARLOS BARBA SALAZAR

LA FELICIDAD MADURA

Habiendo cosas y situaciones que nos causan felicidades pasajeras, ¿podemos concebir algún tipo de felicidad tan potente que sea perdurable y hasta indestructible?

¿Quién no se levanta diariamente con la pregunta —sea verbal o únicamente mental— de si somos felices o si queremos serlo, y si estamos dispuestos a luchar por ello o incluso si tenemos una razón que nos dé felicidad y nos motive a estar y seguir vivos? A veces estamos o nos sentimos cansados, presionados, apagados, frustrados o desesperados ante nuestros retos e incluso nos levantamos sin ganas de vivir, por no tener un motivo que nos produzca felicidad. ¿Quién no se ha preguntado si la felicidad es el combustible esencial que nos mantiene vivos?

A mí me surgen muchas preguntas «existenciales» que tienen que ver con el bienestar y con la felicidad. Por ejemplo, ¿por qué hay algunas personas «muy felices», algunas que lo son menos, otras que no son felices y otras que, de plano, son infelices? ¿Por qué se da el fenómeno de que no todos somos felices? No estoy hablando de «momentos en nuestras vidas», sino del sentir o estado general de vida.

¿Será acaso que la felicidad es algo pasajero o periódico? ¿Será algo que depende de factores externos que, al no tenerlos o no estar en comunión con ellos, nos apaga esa chispa? O ¿será algo que tenemos o que nos pasa internamente?

Mucha gente pregona que venimos a esta vida a ser felices. Pero ¿cómo podemos hablar de felicidad sin saber qué es? ¿Cómo podemos hablar de ser felices si no podemos definir con claridad el concepto de felicidad y una medida universal de lo que es la felicidad? ¿Será acaso que no exista una definición o una medida única para evaluar la felicidad? Y la pregunta más importante: ¿qué es la felicidad?

Muchos nos hemos visto invadidos por estas preguntas y hemos dedicado un tiempo a responderlas, particularmente en momentos de soledad, reflexión y autoanálisis. Lo más interesante es que, del pensamiento refinado que aflora por esas preguntas, se enciende nuestra motivación de vida.

¿Existe una definición única, real y verdadera de qué es la felicidad?

Dado que el tema de la felicidad ha sido tan importante para la humanidad, ¿por qué es tan difícil definirla con precisión en forma universal? ¿Cómo es que, siendo tan importante, no está incluida en la Declaración Universal de los Derechos Humanos (ver nota 1) y por qué se contempló el perseguirla como un derecho inalienable en el Acta de Declaración de Independencia de los Estados Unidos de América, en 1776 (ver nota 2)?

Si consultásemos diez diccionarios encontraríamos que cada uno presenta su propia definición. Si le preguntásemos a cien personas, cada una daría su propia versión. Para muchos, es un sentimiento. Para otros, un estado de ánimo. Encontraríamos múltiples acepciones: una sensación, un pensamiento, algo sensorial, una actitud, un momento, un punto de vista, una apreciación personal y subjetiva, una forma de vida o de ver las cosas y situaciones, una prerrogativa, una libertad, un derecho divino, etc. Incluso encontraríamos definiciones a nivel de meta-estado, relacionadas con metafísica.

Parecería que definir lo que es la felicidad es muy complejo, pero definir lo que *no* es la felicidad resulta aún más complejo. Instantáneamente podríamos decir que lo contrario es la infelicidad. Pero entonces, ¿qué es la infelicidad?

Si fuéramos totalmente felices, ¿podríamos hablar de la existencia de la felicidad? ¿Podríamos aplicarle el principio de Pareto del 80/20?

Para algunos la felicidad es «tener mucho». No tenerlo es motivo de infelicidad. Paradójicamente hay quienes tienen mucho, pero no son felices. Para otros, felicidad es que no falte lo esencial; pero si falta algo esencial, no es razón de infelicidad, sino motivación a buscarlo.

La humanidad ha dedicado siglos y quizás milenios a analizar sus características y atributos: ¿quién la tiene? ¿Dónde está? ¿Es finita o infinita? ¿Es un elemento del universo o una dimensión, como —según dicen muchos— lo es el amor? ¿Cómo la conseguimos? ¿Es acumulable? ¿Renovable? ¿Se puede fabricar más, embotellar o meter en una caja y venderla? ¿Es contagiable? ¿Heredable? ¿Trasplantable? ¿Transformable? ¿Convertible? ¿Para quién es? ¿Es lo mismo una felicidad momentánea que una de largo plazo? ¿Depende de sentirse amado o animado o útil, o depende de objetos, personas, situaciones, al tiempo, a la edad, o a la actitud? ¿Tendrá algo que ver con la segregación de neurotransmisores en el cerebro, dada la cercanía entre la pituitaria y el hipotálamo? ¿Estará íntimamente relacionada con la alegría, el placer y/o el gusto? ¿Existen sustitutos? ¿Cuánto cuesta? ¿Debemos aceptar el concepto de felicidad que nos inculcan en el comercio, internet, TV o cine? ¿Varía el concepto a lo largo de la vida? ¿Por qué alguien querría destruirla y por qué hay quienes se empeñan en quitártela?

Recíprocamente, hemos dedicado siglos de estudio a los obstáculos y detractores de la felicidad. ¿Por qué los retos de la vida (como podrían ser la falta de dinero, los remordimientos, enfermedades mórbidas o sucesos catastróficos) causan infelicidad? Todo eso sería aburrido de no ser por lo interesante y relevante que resulta entender cómo puede alguien ser feliz a pesar de la adversidad.

Todos nos enfrentamos a la adversidad en algún momento de la vida. En el peor de los escenarios, ¿cómo es posible que alguien se suicide? (Estadísticamente, ocurre un suicidio cada 40 segundos [ver nota 3]). Pero algunos la enfrentan ejemplarmente. Como muestras, tenemos a: Nick Vujicic, motivador australiano con tetraamelia (malformación o ausencia de las cuatro extremidades); a Mandy Horvath, quien, sin piernas, subió el volcán Kilimanjaro y va por más retos; tuvimos a Jane Marczewski, conocida como «Night Bird» (a quien, en vida, le aseguré que la incluiría en mis escritos para que el mundo y las generaciones venideras que lean mi obra sepan de ella y su ejemplo), quien con un cáncer terminal y 2 por ciento de oportunidad, nos demostró que ¡2 por ciento no es cero! Si estos ejemplos no sirven para darnos cuenta de lo afortunados que somos por el simple hecho de estar vivos y tener «posibilidades», ¿qué clase de ejemplos podríamos pedir para ser felices, perseguir la felicidad y tener ganas de vivir y luchar? Podríamos cuestionarnos toda la vida «por qué a mí», pero, como dijo Jane: «No puedes esperar hasta que la vida no sea difícil, para decidir ser feliz».

Dado que no sabemos bien qué es la felicidad y difícilmente alguien nos lo enseña, tenemos que aprenderlo en base a la experiencia propia. Comúnmente asociamos la felicidad al placer, al gusto, al bienestar o a la alegría. Contrariamente la desasociamos de enojo, tristeza, enfado, rencor, etc. Así formamos una definición muy efímera e incompleta de lo que es la felicidad. Pero si diariamente perseguimos la felicidad, ¡amerita dedicarle análisis y reflexión!

Con todas estas dudas, decidí platicar con la Sra. Felicidad, para analizar y clarificarlas. De ello, identifiqué dos tipos de felicidad:

1) Un tipo de felicidad que nos cae gratis o que es muy fácil de obtener. Se basa en «recompensas rápidas» que proporcionan «picos altos» de felicidad, pero efímera. Es muy común porque por naturaleza preferimos recompensas inmediatas en lugar de esforzarnos por un bien superior que probablemente no alcanzaremos jamás.

2) Un tipo de felicidad que no cae del cielo, no se da en macetas y no sale de la noche a la mañana, sino que tenemos que cultivar, cosechar y conquistar con paciencia, dedicación, esfuerzo y, de vez en cuando, removerle la tierra para facilitar su desarrollo. Un tipo que corresponde a una felicidad mucho más potente, duradera y gratificante que el anterior. Este tipo está de alguna manera ligada a los éxitos o a la consecución de estos, aunque no depende exclusivamente de ello. Este tipo, para mí, resulta ser el más interesante y es sobre el que seguí analizando.

¿Cómo se puede cultivar y cosechar ese tipo de felicidad?

Uno de los principales diferenciadores entre la raza humana y los animales es la capacidad y habilidad de cocinar sus alimentos.

Metafóricamente podemos ver este tipo de felicidad como resultado de una receta de cocina: se requieren algunos ingredientes, pasos de un procedimiento y eventualmente, ejecutar. Consecuentemente los animales no son capaces de alcanzar este tipo de felicidad.

En cuanto a esos ingredientes requeridos, considero que son «componentes» comprendidos en cuatro ejes (valores universales, comprensión emocional, el haber y el balance general). Respecto a los pasos de un procedimiento, me refiero al proceso de cultivar-cosechar-conquistar por fases (descubrimiento, análisis introspectivo, crecimiento y consolidación). El «producto» de ejecutar esa «receta», suele tener niveles: el más bajo permite una simple degustación; el más alto incita y motiva a otros a esa felicidad.

Al igual que en la cocina, las recetas no son iguales para todos ni pueden ser realizadas por cualquiera. Análogamente este tipo de felicidad requiere un nivel de experiencia elevado, pues involucra elementos de alta complejidad que no son concebibles para personas que no tengan suficiente experiencia en apreciar y valorar cosas y situaciones de la vida.

Primer eje de ingredientes: valores universales

No existe un orden para congregar estos elementos, pero cuando menos todos estos son imprescindibles: paciencia, gratitud, paz, prudencia, compasión, conciencia tranquila, empatía (que, a su vez, incluye consolación, comprensión y cooperación), sinceridad, autoaprendizaje, autonomía, generosidad, templanza, respeto, dignidad, equidad, moral, conciliación, respeto.

Aunque la lista se puede extender, conviene señalar que, entre los más importantes, encontramos:

- Perdón: implica perdonar a otros y a nosotros mismos. Esto es sumamente complicado, ya que requiere aceptar el pasado, aceptar nuestros errores y aceptar pagar por ellos.
- Desapego: entender que lo que fue, ya no es; que lo que terminó nos obliga a partir caminos y seguir nuestros caminos en forma unilateral y construir nuestro propio futuro.

- Ubuntu [ver nota 4]: este es sin duda uno de los regalos más grandes de África a la humanidad. En sí, Ubuntu es algo como «respeto por uno mismo y por los otros. Todo sea por el bien de la comunidad».

Aquí es donde empieza a ponerse complicada la historia, pues no todos hemos logrado reunir la experiencia o valorar estos conceptos que aparentemente son sencillos pero que implican un esfuerzo descomunal para comprenderlos, ejercerlos y compartirlos.

Nota importante: es crucial dejar la envidia, los celos, la codicia, la avaricia, la lujuria, la pereza, el rencor y la ira (entre otros) fuera de esta ecuación.

Segundo eje de ingredientes: comprensión emocional

Se dice que aquellos que logran los grados más altos en las artes marciales llegan a tener un dominio de sus propios impulsos ante las emociones que experimentan. Daniel Goleman, psicólogo norteamericano, elaboró un tratado muy completo acerca del reconocimiento de emociones y el control de impulsos y reacciones, tanto propias como ajenas [ver nota 5].

Para poder cosechar la felicidad del tipo que estamos tratando, resulta necesario reconocer nuestros sentimientos y emociones, dominar nuestros impulsos, y desarrollar habilidades y capacidades como la de transformar fracasos en éxitos, domar a los fantasmas de nuestro pasado e, incluso, calmar a nuestros demonios internos (hechos consumados, miedos, vergüenza, furia y otros).

Igual de importante es dejar de juzgar y sentirnos culpables, derrotados o incapaces. Ese control de impulsos nos lleva a: ignorar los pensamientos negativos y las comparaciones banales; a darle importancia a lo que realmente importa; y a aprender a valorar las cosas, personas y situaciones por lo que valen y no por lo que aparentan. Cuando logramos entender esto comprendemos que más vale ser feliz que tener siempre la razón.

La comprensión emocional nos conduce a luchar con honor e imbatiblemente por todo lo que queremos, por lo que realmente deseamos, por lo correcto. Cuando haces algo con honor puedes estar en paz el resto de tu vida.

Ultimadamente, la comprensión emocional no significa que no haya preocupaciones, tristezas, corajes o adversidades; pero nos permite reconocerlos, controlarlos y enfocar esfuerzos para resolver.

Tercer eje de ingredientes: el haber

En una tarde de caprichos y berrinches, mi madre tatuó en mi mente la frase: «Lloré por no tener zapatos, hasta que vi a una persona sin pies». Este tercer eje consiste en lo que traemos en nuestra bolsa, y no necesariamente me refiero exclusivamente a dinero y finanzas, sino a que llega un momento en el cual uno busca un bienestar, ante todo.

Sin duda, en este rubro también juega un papel muy importante tener finanzas sanas, aunque esto no significa que la pobreza imposibilite la felicidad; no hay nadie tan pobre que no pueda ser feliz. Difícilmente se puede ser feliz cuando uno es presa del dinero.

Así, entre los requisitos indispensables para cosechar este tipo de felicidad, encontramos: dejar de perseguir marcas o estatus; aprender cómo resolver problemas financieros sin crear otros; dejar de buscar y caer en las deudas, ya sean económicas (ver nota 6), de honor, o de la conciencia.

Cuando empezamos a ver el valor de las cosas, de las personas y de las situaciones, empezamos a comprender que: no tenemos por qué ser gobernados por el dinero y las deudas; da más felicidad entender que hay cosas que no vamos a tener; seguir esperando esas cosas; dar da más alegría que recibir; empezamos a evaluar cuánto conocimiento tenemos, cuánto leemos, cuánto nos cultivamos y cuánto hacemos con lo que tenemos y con lo que podemos. En ese momento, aunque el «haber» sea «pequeño», resulta gigantesco.

Cuarto eje de ingredientes: balance general

Así como en una empresa, cada uno de nosotros tiene un «estado de cuenta» que muestra el balance de nuestra vida, al momento. Si el resultado final de ese balance es saldo negativo o neutro, no amerita festejo ni celebración; pero si todavía hay oportunidad de continuar, habrá posibilidad de revertirlo a positivo.

En el balance general, aparecen muchos conceptos financieros: activos, pasivos, ingresos, ahorros, hipoteca, automóvil, renta, colegiatura, intereses, suscripciones. Más importante, también aparecen algunos conceptos morales como: ¿cuánto le debes a la gente? ¿A cuánta gente heriste? ¿De cuántos te aprovechaste? ¿Cuánto has tomado sin dar a cambio, en el contrato de la vida?

Para poder cultivar y cosechar la felicidad que estamos tratando es deseable que nuestro balance general presente un resultado positivo, pero no podemos esperar a que sea así para empezar a buscar la felicidad y no podemos buscarla sin empezar a solventar los problemas del «haber». Más aún: ser pobres, no tener o carecer no son limitantes para buscar este tipo de felicidad.

Cuando el balance da saldo positivo, automáticamente obtenemos paz y tranquilidad fundamentadas porque contamos todo lo bueno que nos ha pasado y reconocemos aspectos suplementarios: ¿a cuánta gente ayudaste? ¿Cuántos lugares has visitado? ¿Cuánto has hecho, visto, probado, escuchado, tocado y vivido? Cuenta entonces el haber conocido el sol, la lluvia, la noche, el frío, el calor, el mar, la montaña, la alegría, la tristeza, la libertad, el amor, haber recibido y brindado ayuda y experimentado tantas emociones. ¿A qué se viene a esta vida, si no a vivir en carne propia todas estas maravillas, antes de sucumbir en la batalla final?

Las fases del cultivo y cosecha de esa felicidad

Al igual que en la receta de cocina, no basta reunir y conjuntar todos los «componentes» para poder producir nuestro anhelado platillo de felicidad potente, duradera y gratificante. Falta, claro está, el procedimiento que nos conduce a ese platillo resultante.

La primera fase del procedimiento, «Descubrimiento», es cuando uno se da cuenta de que puede ser feliz a pesar de todas las adversidades. Curiosamente, suele ser la fase más larga, porque estamos acostumbrados a «gratificaciones inmediatas» por nuestro mínimo esfuerzo y no nos damos cuenta de lo grandioso que nos podríamos ganar si le dedicamos con disciplina, esfuerzo, constancia, resiliencia y determinación.

La segunda fase, «Análisis Introspectivo», requiere un tiempo de asimilación, de cambio, de aprender a valorar el potencial de lo que somos, lo que podemos hacer y tener. En esta fase resulta imprescindible realizar una comparación de nuestra situación contra la de otras personas, de darse cuenta de qué hacen los demás y cómo. También importa darse cuenta de lo que debemos eliminar y a lo que debemos renunciar con tal de obtener lo que realmente necesitamos, sin tomar de más.

La tercera fase, «Crecimiento», ocurre cuando nos damos cuenta de que podemos enfrentar el mundo y resolver problemas nosotros mismos; de lo que valemos y reconocemos a las personas verdaderamente valiosas en nuestra vida; comprendemos el valor del sacrificio; empezamos a repudiar el que la vida «nos lleve» y, en cambio, empezamos a llevar la vida como nosotros queremos y más nos conviene.

La cuarta fase, «Consolidación de esa felicidad», implica haber librado victoriosamente muchas batallas, pero esto no se aprecia sino hasta que uno es adulto, ha llevado y estabilizado un hogar y, si aplica, ha criado hijos y se encarga de una familia. Es entonces cuando uno puede vivir en paz sabiendo que alcanzó esa deseada felicidad.

Escala de medición del nivel de felicidad

A simple vista parecería que basta con alcanzar la felicidad, pero sería equivalente a «una simple degustación» de lo cocinado. Además, si consideramos el espíritu de Ubuntu, resultaría muy egoísta: ¿cómo podemos ser felices sabiendo que hay quienes no lo son o no pueden serlo?

Para remediar lo anterior, mi propuesta incluye una escala simplificada de tres niveles de felicidad:

En el primer nivel, «Intelectual», estaría esa felicidad que se logró alcanzar. Potente, perdurable, gratificante, pero exclusivamente en un plano conceptual y a nivel personal, casi alcanzada por accidente.

En el segundo nivel, «Consolidado», estaría esa felicidad en un plano claramente comprendido y aplicado.

El tercer nivel es el verdaderamente importante. En él podemos hablar de una felicidad trascendental: se puede generar ilimitadamente, compartir, replicar, promover, extender e inspirar a otros a alcanzarla. Es una felicidad empática, altamente contagiable. A este, yo lo llamo el nivel de «La Felicidad Madura».

Reflexión final

La magia ocurre justo en el tercer nivel: nos da gusto ver que otros triunfen y sean felices; disfrutamos de ayudar a otros; nos resulta fácil renunciar a sueños inalcanzables; dejamos de hacer corajes inútiles; dejamos de sentirnos ofendidos y nos olvidamos de venganzas; disfrutamos y saboreamos todo; dejamos de ser esclavos del dinero; dejamos de hablar antes de pensar; aprendemos a correlacionar para mejorar todo; medimos nuestros actos, aceptamos nuestros errores y dejamos de hacer cosas de las que nos podemos arrepentir más tarde; deja de espantarnos el cambio; estamos en paz con el fracaso, la soledad y la muerte y dejamos de temerles; desaparecen los miedos; la felicidad se vuelve majestuosa, provoca la reflexión e invita a actuar para beneficio propio y comunal; prácticamente, se vuelve casi indestructible; ya no hay que fingirla: vivimos una felicidad conquistada y nos agradecemos todo en nuestra vida. En este nivel, no importan las respuestas, sino las preguntas que hagamos. Y tú, amable lector, lo puedes alcanzar. Agradezco tu atención y, si vas hacia allá o ya estás en este nivel de felicidad madura, te invito a contactarme para, quizás, multiplicarla.

Notas y referencias:

- Nota 1: Declaración Universal de los Derechos Humanos:

<https://www.un.org/es/universal-declaration-human-rights/>.

- Nota 2: «Life, Liberty and the pursuit of Happiness»:

<https://en.wikipedia.org/wiki/Life,_Liberty_and_the_pursuit_of_Happiness#:~:text=%22Life%2C%20Liberty%20and%20the%20pursuit,governments%20are%20created%20to%20protect>.

- Nota 3: Organización Mundial de la Salud / World Health Organization (WHO):

<https://www.who.int/es/news/item/09-09-2019-suicide-one-person-dies-every-40-seconds>.

- Nota 4: Ubuntu: Wikipedia ofrece un video, muy breve, de Nelson Mandela explicando este concepto:

<https://es.wikipedia.org/wiki/Ubuntu_(filosof%C3%ADa)>.

- Nota 5: Desarrollar una inteligencia emocional es uno de los retos más complejos para el ser humano. A aquellos interesados en el tema, les sugiero buscar la obra de Daniel Goleman, *Inteligencia Emocional.*

- Nota 6: Para aquellos que busquen paz financiera, les recomiendo explorar las obras de Robert Kiyosaki, *Padre Rico, Padre Pobre* y Dave Ramsey, *La transformación total de su dinero.*

CARLOS BARBA SALAZAR
@cabarsal

Nacido en 1971, en la Ciudad de México. Ingeniero en computación, de profesión, con 28 años de experiencia internacional en centros de cómputo e informática empresarial. Es una persona que vive y enfrenta retos, como todos; que observa, aprende y busca constantemente la superación. Con su obra, pretende esparcir su conocimiento, inspirar y motivar a otros a subir a la cima, para contribuir a lograr un mejor ser, hacer, tener y dar a nuestro mundo.
http://www.cabarsal.com

ELIZABETH GUÍA MAGALLANES

LA FELICIDAD FRENTE A LA ADVERSIDAD

Breve historia

Mi vida, como la de tantos, ha estado caracterizada por retos importantes. En mi caso, empezando por la salud que en cuatro ocasiones muy distintas me ha puesto frente a la muerte. He pasado por dificultades familiares, incluyendo la prematura pérdida de seres queridos y un divorcio; profesionales, habiendo tenido la necesidad de cambiar de carrera varias veces; y económicas, al haberme encontrado al borde de la ruina a una edad en que creía haber alcanzado la estabilidad y el futuro parecía estar claro. Todo ello, con el trasfondo de un sinfín de mudanzas en cuatro países y la trasplantación desde mi país a los EE.UU., en un momento en que abandonar Venezuela se consideraba una total insensatez. Con todo eso, hay quien podría pensar que he tenido una vida desafortunada. Cometería un error. Si muriera hoy, resumiría mi historia diciendo que he vivido una vida estupenda y que he sido muy feliz.

Ello, por supuesto, no quiere decir que no he vivido la infelicidad. Por el contrario, conozco bien el dolor físico y moral, la tristeza, el miedo, la angustia, la depresión, el desconsuelo. Sin embargo, lo que descubrí con los años es que la infelicidad es un gran motivador.

Más de una vez tuve que aceptar que no era feliz, ni siquiera mediocremente feliz, y que no estaba dispuesta a continuar sintiéndome igual. Sin ese acicate, quizás mi vida hubiese sido mucho menos complicada, pero el conformismo y yo nunca nos hemos llevado bien. Ser feliz requiere coraje.

Empiezo por aclarar que la felicidad, ciertamente, no es lo mismo para cada persona. Más significativo aún, lo que nos hace feliz va cambiando con el tiempo. Lo que yo creía que me iba a hacer feliz a los treinta, es muy distinto de lo que me hace feliz hoy día, cuando estoy pisando los setenta. Sin embargo, y esto es lo curioso de la felicidad, aunque mi percepción de lo que me haría feliz iba cambiando con los años, las estrategias y lecciones aprendidas aplicaban de igual manera. De hecho, en la medida en que ha pasado el tiempo, todo se me ha hecho más obvio, como una película borrosa que se fue aclarando poco a poco.

Mi primer enfrentamiento con la vulnerabilidad de la vida lo tuve a los diecinueve años, y quizás fue el más importante, porque a partir de ese momento empecé a ver la vida como un don que podía perder en cualquier momento. Estaba estudiando ingeniería civil y pude terminar mi carrera a tiempo y empezar a trabajar. Pero tan pronto acumulé suficientes ahorros, me fui a vivir a París por un año, algo que quería hacer «antes de morir», y no quise arriesgarme a dejar de hacerlo, por si acaso.

Si no hubiese pasado por aquel trance, quizás lo hubiese pospuesto, quizás jamás hubiese ocurrido. También decidí, a mi regreso de Francia, completar estudios de posgrado en los EE.UU., tras los cuales me empleé con una empresa norteamericana de ingeniería y ya no regresé a vivir más a Venezuela.

Por el resto de mi vida, mis prioridades giraron alrededor de cómo vivir de la forma más productiva, más interesante, más deseada y más feliz. No siempre lo logré en el sentido de que una cosa es desear y otra es lograr, pero siempre pude darle la vuelta a mi situación para quedar, al final, satisfecha con el resultado.

En efecto, el gran beneficio de las enfermedades y trastornos de salud a los que me vi sometida, primero a los diecinueve años, después a los treinta y seis, luego a los cincuenta y ocho, y por último a los sesenta y tres, fue que me llevaron a revisar y realinear mi vida.

Mirar a la muerte de frente, poder contarlo, y poder disfrutar de bienestar físico y de calidad de vida tras cada recuperación y por muy largos periodos de tiempo, ha sido un don. Me ha dejado con la sensación de que, como se dice de los gatos, he sido bendecida con varias vidas, las que he vivido y pretendo seguir viviendo. Y más importante aún, que no somos dueños de nuestra vida, que se puede escapar de nuestras manos en cualquier momento. Esa realidad me ha mantenido alerta.

En resumen, los retos por los que he pasado desde joven me han estimulado a sentirme responsable de mis acciones y actitudes, a volverme proactiva y a mantenerme optimista, convencida de que nacimos con el derecho inalienable a buscar y alcanzar la felicidad. Ese optimismo me ha sido premiado de una manera muy especial en los últimos años, al haber encontrado de nuevo el amor, no cualquier amor, el amor de mi vida, y estar viviendo el capítulo más extraordinario, más mágico que jamás pude imaginar.

Ahora bien, en lugar de ahondar en el detalle de esas experiencias, he preferido sintetizarlas y compartir en este ensayo las estrategias y aprendizajes que me han permitido buscar y alcanzar la felicidad, independientemente de la gravedad de mis circunstancias.

He dividido este ensayo en dos partes. En la primera hablo de las bases sobre las que se fundamentan las estrategias y herramientas que presento en la segunda.

Las bases

1. Lo que me aportó la ingeniería

Desde pequeña se me hicieron fáciles las matemáticas por lo que mi padre, ingeniero civil y electricista, asumió que también estudiaría ingeniería, lo que hice, graduándome de ingeniero civil en la Universidad Católica Andrés Bello, en Caracas, en 1974.

Los problemas que, en palabras de la Real Academia, son situaciones difíciles que constituyen «un estímulo y un desafío para quien los afronta», en una profesión como ingeniería tienen exactamente ese significado, son un estímulo y un desafío. Prácticamente todas las asignaturas de la carrera consistían en la presentación de una teoría básica, seguida del planteamiento de problemas y el aprendizaje de cómo resolverlos. De forma que la palabra «problema» en sí, desde el punto de vista de la carrera, no tenía un sentido negativo. Si aprendemos a ver los problemas como retos y les quitamos la connotación negativa, y el consecuente drama que suele asociarse con las dificultades y los obstáculos, se nos hará más fácil alejar la atención del problema y enfocarla en las posibles soluciones y cómo alcanzarlas, soluciones que sean realizables de forma eficaz, y que no resuelvan un problema creando otro.

Otra lección que aprendí de la ingeniería es que, si las bases de un edificio son buenas, se pueden hacer muchas cosas, renovarlo, restaurarlo, repararlo. La condición tácita es que la fundación del edificio y su diseño estructural estén bien. El edificio más estable puede derrumbarse en un terremoto. Lo pude vivir en el terremoto de Caracas de 1967 cuando tres edificios residenciales bastante altos se vinieron al suelo, causando centenares de muertes, en tanto que los edificios situados inmediatamente al lado de ellos soportaron el sismo con menores problemas, como grietas en la fachada, fácilmente reparables.

Lo mismo ocurre con algunas situaciones de la vida, y muy especialmente en las relaciones humanas, sean estas comerciales, laborales, familiares o personales. Todas ellas requieren una buena base de comunicación, de objetivos comunes, de expectativas realistas, de claridad en cómo manejar los desacuerdos, etc. De lo contrario, se sustentan en una base frágil y al enfrentar un inconveniente o crisis, pueden aparecer diferencias insuperables.

La tercera lección tiene que ver con la necesidad de recurrir a expertos cuando se hace necesario. La firma de ingeniería en la que trabajé tenía bajo su responsabilidad proyectos de envergadura para los cuales contrató tanto individuos como empresas para completar tareas que se escapaban del rango de su experticia o para reforzar su personal, si fuera necesario. En el caso de las situaciones personales, cuando nos vemos sobrepasados frente a una situación que no sabemos manejar, es importante recurrir a alguien con autoridad cuya opinión valoremos, un profesional, sea médico, psiquiatra, *coach* o experto en el tema que nos concierne. Las amistades son maravillosas para apoyo emocional, pero tenemos que saber distinguir cuándo necesitamos a alguien que puede ver la situación con distancia y objetividad.

Finalmente, una cuarta lección se refiere a los factores de seguridad, imprescindibles en cualquier proyecto. Toda obra se planifica aplicando factores de seguridad, usualmente multiplicadores, que se emplean de último, cuando todos los cálculos se han completado, revisado y aprobado, para incorporar al proyecto un grado adicional de seguridad por contingencia o contratiempos. En alguna oportunidad me han llamado pesimista por querer estar alerta a los imprevistos; no es pesimismo, es parte de un entrenamiento que lo obliga a uno a prever, dentro de lo posible, lo fortuito, especialmente cuando las probabilidades de que algo se desvíe de lo planeado son elevadas, o las consecuencias de ello pudieran ser muy graves.

Mi padre decía que las decisiones más importantes son las irreversibles. Yo he tomado riesgos importantes, como renunciar a un trabajo sin tener la garantía de otro a la vista, pero sabía que algo podría hacer, aunque ello implicara sacrificios. Además, con suficientes ahorros para poder atender mis gastos hasta que lograra emplearme de nuevo. Hay riesgos que no debemos tomar si las consecuencias pudieran ser catastróficas. Por ejemplo, conducir cuando estamos pasados de tragos o bajo la influencia de ciertos medicamentos o drogas, porque pudiéramos tener un accidente grave, perder la vida o quedar incapacitados, o causar un daño similar a otra persona.

En conclusión, de la ingeniería aprendí que los problemas son retos, sin connotación ni positiva ni negativa, situaciones que hay que atender, entender y resolver con una solución práctica; que hay problemas que no tienen solución porque su base tiene una falla infranqueable; que cuando no estamos seguros de lo que podemos o tenemos que hacer, lo mejor es consultar a un especialista, y que hay que prever que no todo va a salir exactamente como lo hemos planeado, puede tomar más tiempo, ser más costoso o, en el caso de las relaciones personales, sufrir un cambio en las «reglas de juego».

2. Lo que me aportó la maestría en negocios (MBA)

Después de casi una década de trabajar en el área de vialidad y transporte, quise completar una maestría en negocios. Las áreas que cubría el programa incluían mercadotecnia, finanzas y gerencia de proyectos. Todas me ofrecieron lecciones importantes, algunas extrapolables a la vida misma:

Fatal Flaw: literalmente falla o defecto fatal. Cuando se evalúa un proyecto de inversión, por ejemplo, las propuestas tienen que incluir información detallada de las expectativas, rendimientos esperados y riesgos involucrados. La documentación es extensa, lo cual hace difícil evaluar cada detalle. Sin embargo, hay que hacerlo porque puede haber una falla fatal, embebida en la propuesta, como que el éxito del proyecto depende de que se cumpla un evento dado. Si algo sale mal, los promotores pueden argumentar que los riesgos estaban a la vista.

Esto se puede aplicar a muchas situaciones. Por ejemplo, en un trabajo donde no están claras las oportunidades para progresar profesional o económicamente, de modo reiterado nos pasan por alto en las promociones, o tenemos un jefe que no está interesado en apoyar nuestra carrera. Habría que revisar la situación para evaluar si puede mejorar o si es insalvable y conviene explorar otras opciones. En el caso de las relaciones personales, los principios suelen ser gratos y gratificantes, pero se precisa estar alerta a las señales de peligro, *red flags* (alertas rojas o señales de alarma), que pueden prevenirnos de entrar en una situación con fallas importantes encubiertas detrás de lo que parecería una situación ideal. Estar alerta me ayudó a salirme tempranamente de relaciones con personas que podían tornarse violentas o que tenían problemas de adicciones peligrosas.

Exit Strategy (estrategia de salida): otro término tomado de finanzas. Cuando se hace una inversión importante, hay que prever en qué momento hay que salirse si la situación se desvía del curso previsto. Es un enfoque muy útil para controlar las pérdidas que estamos dispuestos a aceptar. Continuar invirtiendo en el mismo proyecto, con la esperanza de que la situación mejore es una tentación. A nadie le gusta asumir pérdidas, pero es como cuando uno va al casino dispuesto a jugar y perder, hasta un máximo de dinero. Lo mismo es aplicable tanto en el trabajo como en las relaciones personales. Si existe un problema recurrente con el que no podemos vivir, pues hay que aceptarlo y asumir la pérdida. Eso previene que los problemas continúen causándonos cada vez más dolor.

Yo extiendo esto a las ideas. Si somos muy rígidos en nuestros juicios y creencias y empeñamos nuestra credibilidad al punto de sentirnos obligados a mantener una posición dada, corremos el riesgo de terminar justificando lo injustificable. Si no se trata de valores personales, sino de eso, ideas y opiniones acerca de otras personas, o sus filosofías o ideologías, es preferible mantener una distancia, un margen de flexibilidad y objetividad que nos permita cambiar de opinión. Es una libertad que no debemos negarnos.

Estrategias y herramientas

1. ¿Qué es la felicidad para ti? Hay que tener claro lo que consideramos imprescindible en nuestras vidas, lo que nos hace sentir que vivir vale la pena. Hay que ser específico y revisarlo periódicamente, pues cambia con los años. Para algunos será la estabilidad laboral o el éxito profesional y económico, para otros la relación de pareja o los hijos, ayudar al prójimo o promover una causa social o humanitaria, o ser artista o practicar un *hobby*. Para otros, llevar una vida espiritual que les proporcione paz. Para algunos será otra cosa o una combinación de varias de ellas. Si no sabemos qué es lo que nos hace sentir bien y en paz con la vida y con nosotros mismos, alcanzarlo sería un absoluto golpe de suerte. No puedes alcanzar tu meta si no la tienes clara.
2. No existe la felicidad perenne. Tampoco la infelicidad perenne. No importa cuán grave, o maravillosa, sea una situación, ten presente que la vida fluye y todo pasa. Y si haces todo lo que está a tu alcance para proteger lo bueno y superar lo malo, sentirás que tienes más control de tu futuro.
3. Si tienes que llorar, llora. No tiene sentido guapear cuando uno lo que desea es llorar hasta desbordar el océano. Embotellar las emociones no es saludable, a veces hacer catarsis con alguien cercano es buena terapia. Lo importante es no quedarnos ahí. Sentirse víctima no empodera. Si puedes reír, ríe; con una película, con un libro, con alguien con sentido del humor. Tras una operación que me tenía tumbada en cama con el dolor, me puse a ver, con toda intención, una de las películas que más me había hecho reír en mi vida. Fueron tan fuertes mis carcajadas que temí que los puntos en mi vientre iban a saltar. No fue así y el dolor se redujo tanto que dejó de incomodarme. La risa es otra gran terapia.
4. La infelicidad puede ser un gran motivador. En lugar de sentirnos prisioneros de nuestra situación y nuestro entorno, cualquier esfuerzo que hagamos para superarnos y superar nuestros retos será beneficioso. Concéntrate en lo que puedes hacer.

5. La adversidad es inevitable. El azar nos trae retos inimaginables e impredecibles: pérdidas físicas y materiales, enfermedades, desengaños, contrariedades. Si los consideramos retos, desafíos que nos obligan a buscar soluciones, nos podremos enfocar en el futuro y sus posibilidades, en vez de en el pasado y sus decepciones.

6. Ni conformarse ni resignarse, siempre puedes hacer algo. En una ocasión en que enfrentaba una situación grave me sentí tan impotente, tan en manos de un destino que no controlaba, que me sometí a una dieta draconiana de desintoxicación. Durante tres meses, suspendí el consumo de sal, azúcar, café, alcohol, productos lácteos, alimentos procesados, carne de res y la mayoría de las frutas, y me dediqué, bajó la supervisión de un nutricionista, a comer vegetales, pescado y algunos otros alimentos permitidos y suplementos específicos. Lo único que podía hacer, pensé, fue ayudar a mi cuerpo a sanar. Y eso fue lo que hice.

7. Cada problema envuelve un aprendizaje. Si no se aprende algo, no solo considero que se ha sufrido en vano, que ya es bastante indeseable; peor aún, nos puede volver a suceder y volveremos a repetir la misma conducta que ya demostró no ser la adecuada. Afina tu atención para descubrirlo.

8. Tío Fernando vs. Tía Delfina. A mi tío Fernando le diagnosticaron un cáncer y le dieron unos pocos meses de vida. Vendió su fábrica, instaló a su esposa e hijos en una casa cómoda, con previsiones para que pudieran sobrevivir sin él, y se fue a viajar por el mundo por lugares que siempre había deseado conocer, y a morir lejos. Regresó después de haber gastado el dinero reservado para ese viaje, necesitado de trabajo y del apoyo de su familia, y murió diez años después, y no de cáncer. Mi tía Delfina, por su parte, vivió bajo la amenaza de una enfermedad que, según ella, los médicos no sabían diagnosticarle pero que la iba a matar en cualquier momento. Vivió hasta los noventa años. Estas dos personas, a quienes les estoy inmensamente agradecida, influyeron mucho en mi manera de no confiar demasiado

en las predicciones de nadie, ni siquiera en las propias. La vida lleva su propia agenda.

9. No detengas tu progreso. La oportunidad llega sin avisar. Hay que estar preparado para lograr objetivos, sin que ello nos detenga en el día a día. No se puede esperar a que ocurra un evento para ser feliz, puede no llegar, pero puede llegar otro inesperado, igualmente afortunado o mejor.

10. Culpar a otros es como la droga, te hace sentir bien, pero te hunde más.

11. Hay que saber pasar página. Del pasado, los buenos recuerdos y los aprendizajes, incluso de los fracasos. Lo demás es basura. Cultiva la memoria de lo positivo, de las experiencias agradables, refuerza todo lo bueno que te pueda haber sucedido a lo largo de la vida, tenlo presente, son bendiciones que refuerzan la gratitud, y la gratitud es uno de los sentimientos, en mi opinión, que más felicidad generan.

12. Hay que alejarse de la gente negativa. Empatizarán contigo mientras estés mal y no se alegrarán cuando te vaya bien. En su mente, a nadie le va bien.

13. Este último punto tiene que ver con el anterior. No pretendas cambiar a nadie, ni en su manera de ser, ni en su manera de pensar. Siéntete con libertad de expresar tus ideas, consciente de que no todo el mundo va a estar de acuerdo.

14. Aprende a meditar, no promuevo ninguna práctica en particular, aunque en mi caso ha sido el Zen. Para mí fue clave descubrir un «yo» detrás de mi mente que podía «observar» los pensamientos que surgen espontánea y naturalmente, como una descarga involuntaria y constante de la mente, a veces obsesivos, incluso autodestructivos. Aprendí a estar alerta para desviar mi atención de pensamientos perjudiciales para mi bienestar. No me refiero a un sentimiento de culpa o inquietud por haber hecho algo incorrecto o desatinado. Ese puede ser un pensamiento positivo si nos lleva a rectificar. Me refiero a pensamientos inútiles de autocrítica,

por ejemplo, o recuerdos desagradables que lo único que logran es hacernos sentir mal.

15. Finalmente, cultiva tus amistades. No por listarlo de último es el menos importante, nada de eso. El tiempo te dirá cuáles son las más afines, las más cercanas afectivamente, las más solidarias. Valen oro y serán un bálsamo, un refugio de alegría, cuando menos lo esperes o cuando más lo necesites.

ELIZABETH GUÍA MAGALLANES

Tras sufrir un grave ictus en el 2010 que interpretó como un aviso de ahora o nunca, Elizabeth abandonó su carrera de ingeniería y finanzas de más de cuatro décadas para convertir su pasión de escribir en una ocupación a tiempo completo. Ha escrito artículos para revistas, cuentos, una novela que entrelaza prosa y poesía, obras de teatro y guiones para la televisión. Nació en Venezuela, ha vivido por más de treinta años en EE.UU., y actualmente vive entre Miami y Málaga.

Contacto: eguiam@live.com

JUAN CARLOS SERRANO PULIDO

FELICIDAD, FILOSOFÍA Y AUTOAYUDA

La felicidad a la luz de la filosofía

Decían los antiguos griegos, muy sabiamente, que una cosa era el conocimiento y otra muy distinta la opinión; y que cualquier afirmación o negación que hiciéramos sobre la realidad, o pertenecía a lo que se sabía con certeza, o a lo que era susceptible de interpretación. La variedad de opiniones entre los primeros filósofos sobre lo que era la felicidad ya nos indica, de entrada, que no era ciencia, sino creencia y que, al no haber un único modo de entenderla, tampoco lo había de alcanzarla. Pero, aunque las mentes más brillantes de aquel entonces no pudieron consensuar una definición para sentar cátedra, no cabe ninguna duda de que, tanto en la Antigüedad clásica como en la Edad Media, se compartía la misma idea, la de que la felicidad era el resultado de la bondad y la sabiduría y que estas solo se conseguían mediante el desarrollo de las virtudes.

Uno de los primeros filósofos que reflexiona acerca de ella es Sócrates. Considerándola el objetivo más elevado del existir, la asemeja a un estado de plenitud que no radica en los asuntos materiales como la riqueza, el poder o la belleza, sino en una cuestión muy concreta: en hacer el bien. Pero para llegar a ese estado de satisfacción que se encuentra más en el dar que en el recibir, en el tiempo que dedicamos a los demás o en una vida de servicio, se necesita de una virtud que incluya a todas las demás, y esa es la sabiduría. En la línea de su maestro Sócrates, Platón matiza que al conocimiento hay que añadirle la práctica de virtudes como el coraje, la templanza y la justicia. Y Aristóteles, discípulo de Platón, que comparte con sus antecesores que la felicidad es el objetivo mismo de la existencia, añade que no se puede ser feliz si no se perfecciona aquello que es esencial al hombre, o sea, su razón.

Con el imperio creado por Alejandro Magno, el ámbito político de los ciudadanos griegos se transforma, y la filosofía, también. El helenismo, la extensión geográfica de la cultura y lengua griega, provoca el fin de la democracia y da paso a una monarquía que, desde la lejanía, gobierna su vastísimo territorio. Esto provoca que caigan las diferencias entre griegos y bárbaros y que se viva en un ambiente cosmopolita como ciudadanos del mundo, muy parecido al que tenemos hoy con la globalización. La filosofía abandona por completo la abstracción que la vio nacer, continúa con esa dedicación hacia el hombre que se inició con Sócrates y se convierte en la medicina del alma aliviando sufrimientos y enseñando que la felicidad no depende de factores externos, sino de lo que se lleva dentro. Así pues, a las escuelas ya existentes como la Academia de Platón y el Liceo de Aristóteles se unen otras, las llamadas escuelas helenísticas, que surgen desde finales del siglo IV a. C. hasta finales del siglo II d. C., que se desarrollan primero en Grecia y más tarde en Roma, y cuya grandeza estriba, especialmente, en el ámbito ético y moral. No hablan propiamente de la felicidad, pero sí de un término equivalente: la ataraxia, ese estado perpetuo de serenidad imperturbable, en el ser humano, gracias al cual nada le afecta.

La escuela cínica es obra de Antístenes, un discípulo de Sócrates. Como tiene su sede en el Gimnasio Cinosargo, que se traduce como «perro blanco», se les denomina perros a sus integrantes, aunque en realidad, lo de llamarlos así es más por su estilo de vida errante. Los cínicos nos enseñan que la ataraxia nace de un vivir sin necesidades y de ser autosuficientes. Ello se consigue a través de una vida ascética fuera de las ciudades y despreciando unos bienes materiales y unos placeres que son más propios de la vida social y de sus convencionalismos. Una prueba de lo poco que necesitaban del mundo los cínicos la tenemos en un encuentro entre el gran Alejandro Magno y Diógenes de Sinope, uno de sus principales representantes. Se dice que el macedonio, atraído por la fama del filósofo, lo buscó hasta encontrarlo para decirle: «Quería demostrarte mi admiración. Pídeme lo que tú quieras, puedo darte cualquier cosa que desees», a lo que el cínico respondió: «Por supuesto. No seré yo quien te impida demostrar tu afecto hacia mí. Querría pedirte que te apartaras del sol. Que sus rayos me toquen es, ahora mismo, mi más grande deseo».

La escuela epicúrea es la que funda Epicuro de Samos pocos años antes de abrir la famosa sede de Atenas conocida como el «Jardín». En aquel lugar donde se reúnen y hospedan seguidores y amigos, el filósofo enseña que, para alcanzar la ataraxia, hay que evitar el dolor y buscar el placer. Pero no se está refiriendo aquí al concepto más moderno de placer, sino al placer como sinónimo de ausencia de preocupaciones y fruto de haber superado cuatro miedos fundamentales: el miedo a los dioses, a la muerte, al dolor y al fracaso en la búsqueda del bien. El epicureísmo florece en el Imperio romano con autores como Zenón de Sidón o Lucrecio de Pompeya, y disfruta de una muy larga vida hasta el siglo II, cuando tras quinientos años de historia entra en declive al no poder competir con un estoicismo, cuya ética está más en consonancia con los valores de Roma.

La escuela estoica no es solo otra de las grandes escuelas del periodo helenístico, sino la de mayor duración con sus ochocientos años de historia. Su nombre proviene del lugar en el que su fundador, Zenón de Citio, empezó a dar sus lecciones y ubicó su sede: la *Stóa poikilé*, el pórtico pintado del ágora de Atenas. Aunque los estoicos piensan que todo está determinado de antemano y que, ante esto, al sabio únicamente le queda la resignación, no impide que tengan ideas tan revolucionarias como que todos los hombres son iguales justo en una época de grandes diferencias sociales. La felicidad no consiste para ellos en pelear contra los impulsos instintivos, sino en conseguir que resulten indiferentes. Comparte con la escuela cínica que la felicidad se logra en ese estado de ataraxia en el que al hombre nada le afecta, donde es insensible a los deseos, al dolor y a las emociones. El estoicismo gozó de una considerable perdurabilidad gracias a la repercusión de obras como las *Meditacio-*

nes de Marco Aurelio, el *Enquiridión* de Epícteto o las *Cartas de un estoico* de Séneca, que adelantándonos al asunto que tocamos más adelante, no solo podrían ser consideradas como auténticas joyas de la autoayuda, sino también una indudable fuente de inspiración para los futuros escritores de este género.

La escuela escéptica, más que una escuela propiamente dicha, es una forma de pensar. Nacida de Pirrón de Elis y cuyo máximo representante es Sexto Empírico, viene a decir que nada de lo que podamos afirmar puede considerarse verdadero de un modo absoluto y que, por tanto, hemos de dudar de la veracidad de todos y cada uno de los enunciados. La ataraxia para los escépticos se alcanza renunciando a decidir entre opiniones contradictorias, porque en el fondo, ninguna de ellas sería verdadera. Hay una pequeña historia que ilustra muy bien el pensamiento de los escépticos:

> Un granjero que llevaba años trabajando la tierra con sus caballos vio como un día se le escaparon todos hasta desaparecer. Cuando sus vecinos se enteraron de la noticia, se acercaron a visitarlo.
>
> —¡Qué mala suerte! —exclamaron.
>
> —Pudiera ser —respondió el granjero—. Pero al poco tiempo, regresaron los animales con tres nuevos caballos salvajes.
>
> —¡Qué maravilla! —dijeron los vecinos.
>
> —Pudiera ser —añadió el granjero.
>
> Al día siguiente, su hijo fue a montar uno de los caballos salvajes, pero en el intento, terminó dándose de bruces contra el suelo y rompiéndose una pierna. Y nuevamente, los vecinos realizaron la visita de rigor.
>
> —Pudiera ser —volvió a contestar él. Días más tarde, un capitán del ejército llegó al pueblo buscando jóvenes para la guerra y tuvo que desestimar al hijo del granjero por su pierna rota.
>
> —¡Qué maravilla! —se oyó decir a los vecinos.
>
> —Pudiera ser —se oyó contestar al granjero.
>
> —¡Qué mala suerte! —volvieron a decirle al granjero.

El cristianismo continúa defendiendo ese matrimonio bien avenido entre la felicidad y la ética, solo que colocando a la primera al final del camino y con la omnipresencia de Dios. Dado que todo el mundo tiene derecho, no ya a ser feliz, sino a albergar la esperanza de poder serlo en la otra vida, se soportan los sufrimientos terrenales más inimaginables. Es San Agustín, precisamente, quien nos lo recuerda al afirmar que, sin una buena vida en la tierra en la que amemos a raudales a Dios y al prójimo y en la que practiquemos la justicia, no habrá felicidad ni aquí ni en la otra vida. Los planteamientos de Boecio van por otros derroteros. El filósofo romano del siglo v escribe *La consolación de la Filosofía*, que se ha convertido en lo que podríamos entender como un clásico de la autoayuda filosófica al igual que la obra estoica. Es un diálogo entre el autor y Filosofía, el nombre propio de la interlocutora que se aparece ante Boecio para aclararle sus dudas existenciales. Cuando leemos en esta obra que no hay que dar valor a las cosas, que siempre podemos decidir cómo asumir las contrariedades o que hay que encontrarle un significado a la desgracia, nos damos cuenta de que el mensaje de Boecio no solo no tiene desperdicio, sino que nos resulta atemporal.

En el Renacimiento, el naciente humanismo saca a Dios del centro del mundo, coloca al hombre en su lugar y consigue con ello que pierda fuerza la idea de que la felicidad está en el cielo. Esta línea de pensamiento se continúa con las corrientes ligadas a un epicureísmo que se rescata de la Antigüedad y que hacen que la relación entre el placer terrenal y la felicidad se estreche aún más. Es justo en este contexto ideológico cuando Nicolás Maquiavelo inicia la nueva tradición que resquebrajará para siempre la inicial relación entre la felicidad y la ética. El autor de *El príncipe* nos dice que, aunque el hombre se comporte con bondad para ser feliz, este no es bueno por naturaleza, sino perverso y egoísta. Es el deseo el que mueve a la acción, y la felicidad no es más que la satisfacción indiscriminada de ese mismo deseo.

Maquiavelo, con su propuesta hedonista, esto es, con su idea de que la felicidad radica en el placer, deja una clara huella en muchos autores posteriores. Quizás por esto, y porque ya desde el siglo XVIII conceptos como los de felicidad y virtud dejan de resultar interesantes para los filósofos, se abandona la reflexión de los mismos y se decide mirar para otro lado. Temas como el de la justicia ocuparán la reflexión filosófica prácticamente hasta nuestros días. Y es que el cómo organizar las relaciones entre los miembros de una sociedad, priorizando la libertad, la lucha por la igualdad y los derechos humanos, parece ofrecer muchos menos problemas a la razón que el intentar dilucidar cómo ser feliz. La puerta hacia la autoayuda empieza a abrirse.

Y mientras la filosofía calla, el capitalismo va haciendo de las suyas. Animado por el espíritu del protestantismo que inculca a sus seguidores el deber moral de ganar dinero y ahorrar, se rebela contra el desprecio de la vida terrenal del Medioevo y hace suya la nueva concepción de la felicidad, que nace en el Renacimiento y se articula con los filósofos del siglo XVIII. Ahora, ser feliz ya no será un capricho del destino ni un premio a las buenas prácticas de conducta, sino un derecho de todos los seres humanos. Nace así el concepto moderno de felicidad que, precisamente como derecho, consta en documentos tan importantes como la Declaración de Independencia de Estados Unidos de 1776 o en la Declaración de los Derechos del hombre de 1789. Obviamente, desde Marx a la escuela de Frankfurt, no faltarán críticos al capitalismo que nos muestren la parte más oscura de la sociedad que nos había dejado, pero la verdad es que, al poner los placeres del mundo a nuestros pies, capital mediante, logra sin problemas que lleguemos a identificar, hasta bien entrado el siglo XX, el bienestar que nos provoca el consumo con la felicidad.

En los años ochenta, cuando el modelo consumista del capitalismo empieza a dar síntomas de agotamiento y cuando se echa en falta una idea común sobre lo que es el bien, aparece la magnífica obra de filosofía de Alasdair MacIntyre, *Tras la virtud*. El autor viene a decir en ella que, en tiempos de Aristóteles o Santo Tomás, nadie ponía en duda lo que era una persona buena, pero que luego llegaron Maquiavelo, el protestantismo, el capitalismo y las ideas ilustradas que nos tentaban a pensar por nosotros mismos, y todo cambió. Desde el Renacimiento, la moral resultante por todo lo acontecido hasta hoy ha terminado por definir lo bueno como algo bastante más impreciso que en épocas anteriores y, por consiguiente, más susceptible a llenarse con contenidos varios.

Y ya en los últimos años, quizás para contrarrestar ese leve lamento en las reflexiones de MacIntyre o sencillamente para volver a encender el discurso sobre la felicidad, algunos filósofos han hecho grandes aportes a través de sus obras. En 1997, en *Cómo cambiar tu vida con Proust* de Alain de Botton, se logran extraer, en un lenguaje sencillo, las ideas más importantes de la obra del filósofo francés *En busca del tiempo perdido*, escrita en 1908 y tan intensa como interesante. Un alegato, en resumidas cuentas, al valor de nuestra vida y sobre cómo aprovecharla. En el 2000, del mismo autor y emulando a Boecio, *Las consolaciones de la filosofía* recurre al pensamiento de seis filósofos clásicos para iluminar cuestiones como la falta de dinero o las rupturas sentimentales. Finalmente, en 1999, *Más Platón y menos Prozac. Filosofía para la vida cotidiana* de Lou Marinoff, nos alienta a leer más y a tomar menos medicamentos.

La felicidad a la luz de la autoayuda

Si hace casi tres siglos que la filosofía abandonó su reflexión sobre la felicidad y dejó de convertirse en una guía para las acciones humanas, y si inspirándonos en la incertidumbre de lo que es bueno, según MacIntyre, vemos que hay casi tantas definiciones sobre la felicidad como seres humanos sobre la Tierra, ¿quién entra por la puerta que deja abierta la despreocupación por lo que nos hace felices? ¿Quién puede aportar luz al asunto si es que existe alguien que pueda hacerlo? ¿Hemos de decirles a los que a lo largo de la historia buscaron un poco de luz en los sabios, en los filósofos o en los sacerdotes, que ahora han de buscarla en la nueva figura estrella del terapeuta?

Porque también en los años ochenta, y coincidiendo con la publicación de *Tras la virtud*, sucede un fenómeno curioso: que la puerta hacia la autoayuda se abre del todo y despega ese nuevo género literario que la acompaña y que recoge el testigo de la reflexión sobre la felicidad. Grosso modo, la autoayuda vendría a ser un recurso, un método o un proceso por medio del cual, a fin de conseguir un mayor grado de bienestar o de ser más felices, es la propia persona quien se ayuda a sí misma. Considerada como una rama del desarrollo personal, y en tanto que autónoma y autosuficiente, parece prescindir del seguimiento directo de los terapeutas durante todo el tiempo que dure el proceso de mejora. Y digo parece porque, aunque estos especialistas multidisciplinares no estén físicamente presentes, sí que lo están a través de su más popular método de difusión: una literatura que no solo inunda los estantes de todas las librerías del mundo, sino que genera unos beneficios de miles de millones de euros al año. ¿Negocio o un sincero deseo de hacer felices a los seres humanos?

Sinceramente, si no hay intrusismo, yo soy más partidario de lo segundo. Me explico. Son los mismos escritores de autoayuda quienes, a fin de dignificar su profesión, no dudan en dejar a un lado a los charlatanes y vendehúmos. Y es que para alcanzar la felicidad, nos dicen, no existen las fórmulas mágicas que aquellos publicitan, sino que lo que hay tras ello es un trabajo duro y constante. No extraña que nos inviten a verificar muy bien las fuentes de las que bebemos y a priorizar a las instituciones o a los autores más reconocidos a nivel profesional.

Pero, aunque las intenciones por proveernos de felicidad sean de lo más sinceras, ¿consigue la autoayuda sus objetivos? Sin duda; y a veces por partida doble, es decir, no solo por parte del autor, sino también del lector. En este sentido, me suscribo a las palabras de Juan Carlos Siurana, autor de *Felicidad a golpe de autoayuda*, cuando afirma que la clave para considerar un libro de autoayuda no está tanto en la intencionalidad de quien escribe, sino en la sensación del que lo lee de estar siendo ayudado. Veamos un ejemplo. Cuando en el año 1500, Erasmo de Rotterdam recopiló bajo el nombre de *Adagios* toda una serie de proverbios del nutrido elenco de autores clásicos, se sorprendió al comprobar que sus lectores solo compraban la obra para aprenderse los proverbios de memoria y dárselas de cultos. Las cifras hablan por sí solas: 122 ediciones impresas, en la primera mitad del siglo XVI, que convierte a los *Adagios* en un auténtico *best seller* de la época.

Pero insistiendo de nuevo en que la autoayuda es útil, creo que sobra decir que no hace milagros. Desde el estrecho marco de unas páginas impresas, es complicado que sus libros nos puedan proporcionar la felicidad en mayúscula, pero sí más fácil que contribuyan al particular cuidado de cada uno de nosotros y que resulten un recurso accesible al alcance de cualquiera para conseguir nuestra mejor versión. Obsérvese, si no, qué ocurre en cada uno de nosotros cuando nos acercamos a ellos. Hay libros de autoayuda lo suficientemente grandes como para hacer la prueba. En 1976, *Tus zonas erróneas* de Wayne Dyer nos muestra cómo alcanzar la felicidad responsabilizándonos de nosotros mismos y de nuestros sentimientos. En 1988, *El alquimista* de Paulo Coelho narra la búsqueda del tesoro interior que nos espera a cada uno de nosotros. En 1997, *El poder del ahora* de Eckhart Tolle nos previene de instalarnos en el pasado o en el futuro y nos invita a vivir nuestro momento presente. También en 1997 se publica *El monje que vendió su Ferrari* de Robin Sharma, que se revela como una de las más importantes fábulas de superación personal de la historia. En 2002, *El camino de la felicidad* de Jorge Bucay nos habla de los caminos que conducen a la plenitud del ser humano. En 2006, *El secreto* de Rhonda Byrne defiende la ley de atracción. En 2013, Laín García Calvo escribe *La voz de tu alma*, donde se habla de todos aquellos principios metafísicos que te permiten conseguir lo que te propongas a nivel físico. Y, por último, *Cómo hacer que te pasen cosas buenas* del 2018 y *Encuentra tu persona vitamina* del 2021, ambos de Marián Rojas Estapé, que nos hablan de la somatización de las emociones.

Pero, aunque aquí defendamos la autoayuda, no olvidemos que esta tiene detractores muy poderosos a los que convendría prestar un mínimo de atención. Señalaré muy sucintamente las críticas de disciplinas como la filosofía y la neurociencia y me extenderé algo más con las de la psicología, que considero más interesante. Desde la filosofía, se afirma que la autoayuda reduce todo a una serie de ideas simplistas sobre cómo ser feliz, cómo hablar en público o cómo manejar las depresiones, o sea, dando respuestas claras y fáciles a problemas complejos. Desde la neurociencia, se la acusa de carecer de un conocimiento científico detrás que la respalde. Y desde la psicología, que curiosamente es la que más escribe sobre el asunto, los dardos apuntan al corazón mismo de un pensamiento positivo, que ahora resulta no serlo tanto. El psicólogo Edgar Cabanas afirma en *Happycracia*, libro del que es coautor, que como el contexto manda y las circunstancias también, ser feliz no depende de nosotros y, por ende, no puede ser una opción. Dice que nos engañaron con el «si quieres, puedes» y con que cada uno tiene en la vida lo que se merece, pero que eso no es cierto. Muy al contrario, afirmaciones de ese tipo, añade, nos pueden hacer mucho daño al responsabilizarnos injustamente de nuestros éxitos y fracasos. Personalmente, las reflexiones de Cabanas me han dado que pensar: ¿no será peligroso que una desgracia o una enfermedad grave se llegue a atribuir a la mala gestión de nuestros pensamientos?, ¿omitimos la predisposición biológica que nos viene por herencia?, ¿desestimamos el karma para los que creen en él?

En cualquier caso, lo cierto es que del mismo modo en que hay espíritus que no están preparados para los complejos razonamientos de los filósofos, también los hay que no están dispuestos a aceptar la ineficacia de los pensamientos positivos. Y eso solo puede significar que la autoayuda estaría perfectamente justificada en muchos casos. Porque, aun en el supuesto de que Cabanas tuviera toda la razón en sus planteamientos, creer que podemos alcanzar una meta es, muchas veces, la mejor manera de conseguirla.

Terminaré mi ensayo confesando que yo no soy mucho de leer libros de autoayuda, pero que eso no me impide reconocer que es casi imposible que me pasen desapercibidos en una librería. Es más, colocados estratégicamente para llamar la atención, con esos títulos tan misteriosos unas veces y tan curiosos otras, siento por momentos que hasta me reclaman desde sus estantes. Ya sé que lo único que buscan es salir del lugar en el que los colocaron, pero, aun así, suelo sucumbir a la tentación de acercarme a ellos, de leer sus contraportadas y hasta de hojear algún contenido que otro con detenimiento. Es entonces cuando, en ocasiones muy contadas, relaciono el problema de algún amigo con lo que tengo entre manos, cuando pienso que le podría venir bien aquella lectura y cuando termino dirigiéndome a caja para pagarlo y pedir que me lo envuelvan para regalo.

JUAN CARLOS SERRANO PULIDO

@ucasepu

Ha desarrollado su carrera profesional en ámbitos tan diversos como el comercio internacional, la docencia o las artes escénicas. Aunque actualmente se dedica al mundo de la seguridad privada, es licenciado en Filosofía y Ciencias de la Educación, tiene un máster universitario en Ética y Democracia, y está en pleno proceso creativo de su primera novela.

jucasepu@hotmail.com

https:/wwwfacebook.com/profile.phpid=1034645500

POR JUANA ARTERO ÁVILA

LA FELICIDAD SE CONSTRUYE

Mi mirada a la felicidad está arraigada en una idea, que ser feliz es, en gran medida, una opción personal. A primera vista, esta conclusión puede parecer injusta dado que no controlamos el mundo que nos rodea. Sin embargo, no lo es. ¿Por qué lo creo? Porque, aunque existen factores biológicos y ambientales que influyen en nuestra felicidad, esta también es cuestión de hábitos. Y tanto tú como yo tenemos la capacidad de definir, crear y reforzar nuestros hábitos.

En efecto, la ciencia ha demostrado que podemos aprender a ser felices si así lo decidimos, pero como casi todo en la vida, ello requiere que tengamos claros nuestros objetivos y estemos dispuestos a trabajar para alcanzarlos. En otras palabras, la felicidad no nos está garantizada, pero está disponible y es accesible.

Llevo muchos años estudiando a científicos y expertos en este tema, y una de las conclusiones a las que he llegado es que una posible, y frecuente, causa de infelicidad es que tenemos ideas erróneas preconcebidas acerca de la felicidad. En general, todos tenemos una noción poco precisa al respecto, solemos confundir felicidad con bienestar o alegría, e intentamos perseguirla como un objetivo, como un destino o como un estado de permanente bienestar sin sufrimiento ni preocupación. Veamos las consecuencias de ello:

1. La felicidad no consiste en sonreír todo el tiempo y pensar siempre en positivo. Sentir solo emociones positivas no es humanamente posible, lo normal es experimentar altiba-

jos emocionales. Confundir felicidad con «perfeccionismo emocional» nos lleva inevitablemente a la infelicidad.

2. La evitación experiencial, es decir, el intento de ser felices evitando los sentimientos dolorosos, nos arrastra a un círculo vicioso inútil, es una de las principales causas de ansiedad, depresión y adicción.

3. Creer que se puede alcanzar la felicidad absoluta y eterna es condenarse a sentirse infeliz. La felicidad no es un objetivo que una vez conseguido lo tenemos siempre en nuestro poder. No es así porque la vida cambia, nuestro entorno cambia, nosotros mismos somos seres cambiantes.

4. La comparación social es otro motivo por el que nos cuesta ser felices. Nuestro cerebro razona en términos relativos, no en términos absolutos. Tendemos a pensar que a los demás les pasan más cosas buenas y menos cosas malas que a nosotros, usamos puntos de referencia sesgados (comparamos nuestro físico con el de una modelo profesional, nuestro salario con el de un futbolista de élite, etc.).

5. Intentar ser feliz mediante la consecución de objetivos extrínsecos es otra idea errónea, precisamente porque no controlamos el exterior. Es importante, entonces, tener objetivos intrínsecos, que sí dependen de nosotros mismos.

Los expertos en la materia dicen que la felicidad no depende de lo que nos ocurre, sino de nuestra capacidad de interpretarlo. Por lo tanto, sería deseable aprender a mirar las cosas desde diferentes puntos de vista y encontrar el ángulo que nos ayude a sentirnos mejor. La realidad es la que es y es imprescindible que la aceptemos. No podemos evitar el dolor ni la pérdida, solo podemos aprender a manejarlos de la manera más efectiva para minimizar el sufrimiento, superarlo y crecer. Para sentirnos felices tenemos que adoptar hábitos que nos ayuden a construir una vida con sentido y propósito.

Entre los investigadores que han profundizado más en este tema se encuentra Martin Seligman, padre de la Psicología Positiva. Seligman creó el modelo conocido como PERMA o teoría del bienestar, donde recoge los elementos que llevan a las personas a sentirse felices.

Otro modelo es el conocido como SPIRE, diseñado por Tal Ben-Shahar, profesor de Psicología Positiva, y considerado uno de los mayores expertos en el tema. Su curso sobre la felicidad en la Universidad de Harvard es el más demandado en el mundo.

Los psicólogos Richard Ryan y Edward Deci, por su parte, desarrollaron la teoría de la autodeterminación que analiza los vínculos entre la personalidad, la motivación y el funcionamiento personal óptimo, teniendo en cuenta el efecto facilitador o debilitador que el contexto social ejerce sobre nuestra felicidad y bienestar.

Por su parte, el psicólogo clínico Steven C. Hayes, desarrolló la terapia de compromiso y aceptación (ACT), que nos propone seis principios fundamentales para ayudarnos a enfrentar eficazmente los pensamientos y sentimientos dolorosos, y a construir una vida plena, con sentido y feliz.

Más adelante hablaré con mayor detalle de estos modelos y teorías, pero antes quiero mencionar una herramienta que muchos estudiosos del tema recomiendan: modelar a las personas felices (copiar sus hábitos) para construir bienestar y felicidad. Y ¿cuáles son los hábitos de las personas felices? Curiosamente, son hábitos sencillos y al alcance de todo el mundo:

1. Trabajan en su autoconocimiento.
2. Tienen hábitos saludables de alimentación, ejercicio, descanso y sueño.
3. Aceptan la realidad.
4. Viven centradas en el presente y miran con esperanza al futuro.
5. Son agradecidas, aprecian lo que tienen.
6. Son conscientes de sus dificultades, pero también son conscientes de sus valores y fortalezas.
7. Se centran en los aspectos positivos de sus vidas.
8. Aceptan el fracaso como algo normal, son resilientes y proactivas.
9. Construyen relaciones sociales gratificantes y significativas, dedican tiempo a socializar y estar con sus seres queridos.
10. Cultivan la amabilidad y el altruismo.

«La felicidad humana generalmente no se logra con grandes golpes de suerte, que pueden ocurrir pocas veces, sino con pequeñas cosas que ocurren todos los días».
Benjamin Franklin

Nuestra mente ha evolucionado para ayudarnos a sobrevivir, no para que nos sintamos eternamente felices. Nos mantiene alerta de los innumerables peligros que enfrentamos, evaluando y juzgando como bueno o malo todo lo que nos rodea, analizando constantemente el pasado y haciendo predicciones sobre el futuro. Esto es así para que podamos hacer frente a los desafíos de un entorno complejo y en constante cambio. Dicha cualidad ha supuesto una enorme ventaja a nuestra especie, pero también es una fuente de preocupación si no aprendemos a tenerla en cuenta.

Volviendo a los modelos a los que hice referencia antes. El Modelo PERMA de Martin Seligman responde al acrónimo de:

P: *Positive Emotions* (emociones positivas)
E: *Engagement* (compromiso)
R: *Relevant Relations* (relaciones relevantes)
M: *Meaning and Purpose* (sentido y propósito)
A: *Accomplishment* (sentido del logro)

Las personas felices sienten a menudo emociones positivas, se comprometen con la consecución de sus objetivos, tienen relaciones sociales gratificantes y significativas, encuentran el sentido y propósito de su vida, se sienten capaces y orgullosas de sus logros.

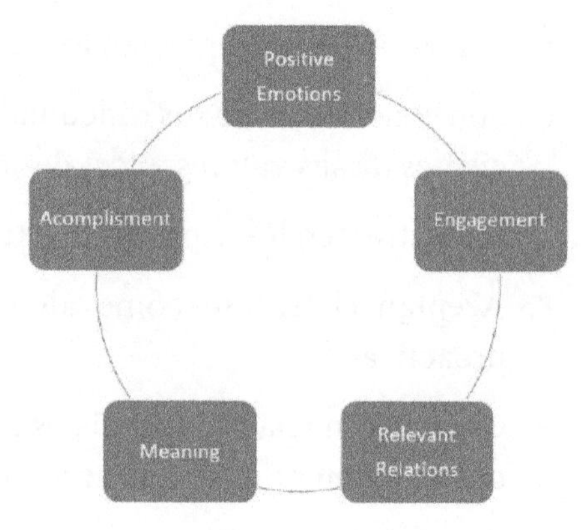

Figura 1. Modelo PERMA. *Fuente*: elaborado a partir del contenido de Martin Seligman

Por su parte, el acrónimo de SPIRE, el modelo del profesor Tal Ben-Shahar, surge de:

S: *Spiritual* (bienestar espiritual)
P: *Physical* (bienestar físico)
I: *Intellectual* (bienestar intelectual)
R: *Relational* (bienestar relacional)
E: *Emotional* (bienestar emocional)

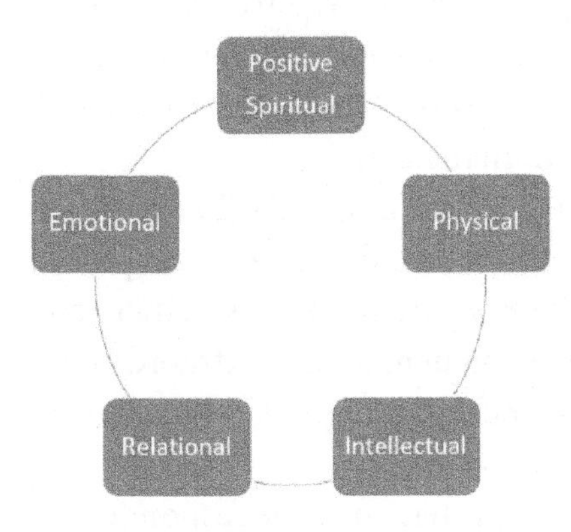

Figura 2. Modelo SPIRE
Fuente: elaborado a partir del contenido de Tal Ben-Shahar

Tal Ben-Shahar sugiere que la antifragilidad puede ser la llave que abre la puerta de la felicidad.

La antifragilidad es un concepto acuñado por Nassim Taleb según el cual hay personas que, tras estar sometidas a grandes presiones, se vuelven más fuertes. Una de las claves que él ha encontrado para ello es darnos permiso para ser humanos; aceptar que existen emociones placenteras y dolorosas; admitir que la vida no es siempre fácil; crecer a través del dolor y del conflicto; y por último, entender que, la felicidad no es absoluta ni permanente.

«En lugar de dejar que tus dificultades y fracasos te desalienten, deja que te inspiren».
Michelle Obama

Las personas *optimalistas* ven la vida como un camino irregular, con baches, curvas, pendientes, etc. Se concentran en el recorrido sin perder de vista el destino, perciben el fracaso como un contratiempo no como una fatalidad, son flexibles y dinámicas, abiertas a nuevos aprendizajes y sugerencias, son indulgentes y aprenden a cambiar de dirección cuando lo necesitan. El *optimalismo* parece ser una buena herramienta para construir felicidad.

La teoría de la autodeterminación de Deci y Ryan también se muestra a favor de que las personas somos capaces de construir nuestra propia felicidad. Según la misma, todas las personas llevamos en nuestro interior la energía vital para crecer y evolucionar, pero para *florecer* necesitamos cubrir las tres necesidades psicológicas básicas de: autonomía, competencia y relación social, además de contar con un entorno social que no frustre nuestro desarrollo.

La satisfacción de las necesidades psicológicas básicas es el indicador más importante del sentimiento subjetivo de bienestar y felicidad, incluso más que la seguridad financiera.

Según la terapia de aceptación y compromiso (ACT) de Steven Hayes, la clave de la construcción de la felicidad está en aceptar la realidad, tener claros nuestros valores y actuar en consonancia con ellos, esto es lo que hace que experimentemos una extraordinaria sensación de plenitud y vitalidad, incluso aunque la situación no fuese todo lo favorable que desearíamos.

Nos propone un par de preguntas que tenemos que respondernos para construir una vida feliz. Estas son:

- ¿Esto me resulta útil para construir la vida que quiero?
- ¿Qué es lo más importante en este preciso momento de mi vida?

«El dolor es inevitable, el sufrimiento es opcional».
Buda

Una experiencia que me impactó personalmente tuvo lugar un primer día de clase, hace un tiempo. Un alumno me dijo: «Profe, Gabi se ha escapado. No le gusta estar en clase porque no es feliz». Y acto seguido, me preguntó: «¿Y tú, eres feliz?».

Al llegar a casa lo primero que hice fue poner en Google: «¿Cómo ser feliz en clase?».

Me sorprendió la cantidad de artículos que aparecía en la pantalla. Movía el cursor hacia abajo y la lista continuaba:

- Estrategias para ser feliz en clase.

- Diez maneras de formar alumnos felices.
- Dieciocho consejos para fomentar la felicidad en tus clases.
- Etcétera.

Me sentí fatal de inmediato. ¿Cómo era posible que yo no conociera estos artículos? Me invadió un potente coctel de emociones negativas: rabia, ira, tristeza, enfado. En cuestión de segundos mis músculos se tensaron, se me aceleró el pulso, una desagradable sensación de calor me invadió y el sudor me empapó el cuerpo. Era una sensación muy desagradable. «¡Una buena profesional conocería estos artículos!», me repetía a mí misma. Añadí la vergüenza y la culpa a mi coctel y me quedé completamente hundida. Empecé entonces a leer los artículos y la angustia desapareció al instante. Una sensación de alivio y bienestar me invadió al comprobar que las estrategias para ser feliz en el aula eran las mismas que ya utilizaba yo bajo el nombre de estrategias pedagógicas, o eran consejos de sentido común que también practicaba a diario. Respiré aliviada y enseguida volví a sentirme bien de nuevo. Mis músculos se relajaron y mi cuerpo volvió a la homeostasis. Ahora estaba otra vez convencida de que era una profesional «suficientemente buena».

«Suficientemente buena» es un concepto utilizado por Donald Winnicott que hace referencia al perfeccionismo negativo. No hace falta ser perfecta para ser buena madre o buena profesional. Es importante practicar la autocompasión para nuestro propio bienestar porque a menudo somos muy duros con nosotros mismos. No hace falta ser perfecta para ser buena madre o buena profesional, NI MUCHO MENOS PARA SER FELIZ.

Continué leyendo. Una estrategia de las sugeridas en un artículo me hizo reír a carcajadas: «Hay que recordar que las clases terminarán alguna vez».

Es increíble el poder de la risa, fulminó mi ansiedad haciéndome sentir alegre y vital. Una vez de vuelta a mi estado habitual de activación fisiológica, tomé la firme decisión de trabajar para que todos mis alumnos adquiriesen estrategias para ser felices en clase. Me puse manos a la obra, empecé a «investigar» y elaboré una programación didáctica para conseguir mi objetivo. Estaba completamente metida en la tarea. «Mamá, ¿cuándo cenamos?», me preguntó mi hija. «¿Cenar? —miré el reloj—. ¿Las nueve y media? ¡Madre mía!

¿Cómo es posible? ¡Pero si tengo la sensación de que acabo de sentarme a leer!».

Llegaba a casa deseando sumergirme en la lectura y, sin darme cuenta, entraba en ese estado positivo de bienestar que Mihály Csíkszentmihalyi llama *fluir* o *estado de flow*. El tiempo se me pasaba volando y no me cansaba del tema, libros, charlas de expertos, cursos, MOOC, etc. Cultivarme acerca de la felicidad para ayudar a mis alumnos me estaba proporcionando grandes dosis de esta. Me sentía pletórica y necesitaba compartirlo con todo el mundo.

Las personas felices gestionan sus emociones, lidian con los acontecimientos desagradables, los aceptan y superan. Incluso crecen a partir de ellos.

La Piedra
El distraído tropezó con ella.
El violento la utilizó como proyectil.
El emprendedor construyó con ella.
El campesino cansado la utilizó como asiento.
Para los niños fue un juguete.
David mató a Goliat y Miguel Ángel sacó la más bella escultura.
En todos los casos,
La diferencia no estuvo en la piedra,
sino en el hombre.
No existe piedra en tu camino que no puedas aprovechar en tu propio crecimiento.
Anónimo

Como guía para trabajar la adquisición de hábitos de felicidad en el aula elaboré la «Rutina A-E-I-O-U», que consiste en hacer actividades cuyo nombre empieza por una de estas letras:

A: Agradecimiento, apreciación, aceptación, atención, ayuda, amabilidad, amor…

E: Emociones, escucha, entendimiento, esfuerzo, espera, estar presente, espacio…

I: Intención, ilusión, imaginación, incremento, identidad, integridad…

O: Objetivos, orgullo, osadía, observaciones, organización, oportunidad, optimismo…

U: Unión, único, urgente, útil, unisex, universo, usar, unificar…

Todos los días practico con mis alumnos al menos una de dichas actividades. Tenemos asignado un día preferente para cada una, los lunes nos centramos en actividades que empiezan por *a*, los martes por *e*, y así sucesivamente. Nuestro día empieza con un cálido saludo y termina con un agradecimiento concreto. Se trata de adquirir la rutina de relacionarse con amabilidad y el hábito del agradecimiento ya que ambos son fundamentales para construir una vida feliz. Aprender a apreciar lo que tenemos.

«La gratitud no solo es la mayor de las virtudes,
sino que es la madre de todas las virtudes».
Cicerón

Mi actividad preferida de los lunes es «Actos agradables»: consiste en realizar actos que hagan el día agradable a otras personas. Por ejemplo, escribimos notas positivas y las vamos dejando en cualquier sitio, en el baño, en el autobús, en un banco del patio de recreo, etc. Lo hacemos con la intención de provocar un sentimiento agradable a quien las encuentre y al mismo tiempo nos sentimos muy bien llevando a cabo esta actividad. Creo que uno de los motivos por los que nos sentimos tan felices al hacerlo es porque cooperar, procurarnos atenciones y cuidados ha sido y es fundamental para la supervivencia.

Los martes nos centramos en las emociones, reconocerlas, aprender a gestionarlas, ensayar diferentes maneras de responder ante ellas, etc. Desarrollar la inteligencia emocional es fundamental para construir felicidad. Mi actividad favorita ese día es «la escucha activa»: atendemos con total atención a diferentes sonidos: los pájaros, la lluvia, nuestro cuerpo, una canción o elegimos un alumno protagonista y escuchamos lo que quiera contarnos. Reconocemos las emociones que nos provocan las diferentes cosas, analizamos nuestras respuestas, etc. A veces leemos un cuento, identificamos las emociones y aprendemos sobre ellas. Escuchar y escucharnos también ha favorecido la evolución de nuestra especie y es algo muy agradable que nos permite crear vínculos y sentirnos parte del grupo.

Los miércoles es el turno de las actividades que empiezan por *i*. A mí me hace gracia la actividad «Imítame, por favor», siempre nos reímos mucho con las muecas que algunos proponen.

A los jueves les toca la *o*, entre otras cosas es el día de reflexionar sobre nuestros objetivos y celebrar los logros con orgullo, y los viernes son para centrarnos en las cosas que empiezan por *u*, además, aprovecho para hacer limpieza del aula con la actividad «Úsalo o recíclalo».

Desde mi punto de vista, adquirir hábitos que nos ayuden a construir felicidad es una buena inversión porque vivir feliz me parece la mejor manera de vivir. Además, parece que ser felices nos convierte en mejores personas pues las personas felices son más creativas, serviciales, caritativas, altruistas y seguras de sí mismas, tienen mayor capacidad de autocontrol, autorregulación, afrontamiento y resiliencia.

«La persona que es feliz hará feliz a los demás».
Anna Frank

Todo lo que he aprendido en mi intenso viaje en busca de herramientas para construir la felicidad en mi clase, me ha llevado a cambiar de opinión respecto a la estrategia «Hay que recordar que las clases terminarán alguna vez». Ahora creo que esta estrategia encierra el genuino secreto de la felicidad en el aula: recordar que las clases no durarán eternamente es un antídoto potente para los momentos difíciles y un motor para sacarles el máximo partido a los momentos agradables.

Cuenta una leyenda que un rey pidió a un joyero un anillo especial.

—Quiero que me fabriques el anillo más bello del mundo y que inscribas en él un mensaje que me sirva de esperanza en los momentos de dolor y desesperación.

—¿Un mensaje de tal magnitud en un anillo? ¡Eso es imposible! —pensó el joyero.

Consultó a las personas más sabias del reino y estas estuvieron debatiendo durante días sin encontrar una solución posible, pues todas consideraron que el anillo era demasiado pequeño para poder escribir semejante mensaje en él. Entonces, un anciano que había escuchado al joyero lamentarse, se interesó por el motivo de su malestar. Le preguntó la razón de su agobio y el joyero preocupado le contó la petición que le había hecho el monarca.

—Eso es sencillo —le contestó el anciano, añadiendo—: no debes preocuparte, yo conozco el mensaje que debes grabar en el anillo.

El joyero se sintió enormemente aliviado y muy agradecido con el anciano que le había sacado de su apuro. Fabricó un precioso anillo de oro para el monarca y grabó el mensaje que el anciano le había sugerido: «Pasará».

Desafortunadamente el reino fue invadido por unos enemigos y el rey tuvo que huir para salvar la vida. Perseguido por ellos galopó hasta que se encontró frente a un enorme precipicio. Desesperado, sintió que aquello era su fin, pues si saltaba moriría seguro y si no saltaba lo atraparían sus enemigos. En esa dramática situación miró el anillo, leyó el mensaje: «Pasará», se recompuso y encontró la forma de volver a salvo a su reino.

La vuelta del rey se celebró en el reino con mucha alegría y grandes festejos, pues era un monarca muy apreciado. El rey se sentía muy feliz. En un determinado momento el anciano que había propuesto el mensaje para el anillo se acercó al monarca y le pidió que mirase su anillo, el rey accedió y, al leer en esta ocasión «Pasará», se dio cuenta de que esa tremenda alegría también pasaría. El monarca comprendió la gran lección que encerraba su mágico anillo: hay que disfrutar de las cosas buenas de la vida y afrontar con decisión las cosas malas, porque tanto unas como otras pasarán.

Todos estos aprendizajes y enseñanzas tienen una conclusión. Como dice el refrán: «La práctica hace al maestro».

Practicar rutinas de felicidad diariamente en clase me hace sentir más feliz en el trabajo y me proporciona la calma necesaria para gestionar mejor los inconvenientes que inevitablemente surgen cada día. Es muy grato comprobar cómo estas pequeñas cosas están favoreciendo que mis alumnos aprendan a construir su propia felicidad y aumentan considerablemente la mía.

La felicidad se construye y es contagiosa.
Momentos felices construyen días felices.
Días felices construyen meses felices.
Meses felices construyen años felices.
Años felices construyen vidas felices.
Autor desconocido

Gracias por leerme. Te deseo incontables momentos, días, meses y años felices.

BIBLIOGRAFÍA

-*La trampa de la felicidad.* Russ Harris.

-*Inteligencia Emocional.* Daniel Goleman.

-*La auténtica felicidad.* Martin E.P. Seligman.

-*Fluir, una psicología de la felicidad.* Mihaly Csikszentmihalyi.

-*El cerebro de la gente feliz.* Ferran Casses y Sara Teller.

-*Los hábitos de un cerebro feliz.* Loretta Graziano.

-*La búsqueda de la felicidad.* Tal Ben-Shahar.

-*Optimismo y salud.* Lo que la ciencia sabe de los beneficios del pensamiento positivo. Luis Rojas Marcos.

-*Ikigai. Los secretos de Japón para una vida larga y feliz.* Héctor García y Francesc Miralles.

JUANA ARTERO ÁVILA
@la_felicidad_se_construye

Educadora con más de veinticinco años de experiencia, diplomada en Trabajo Social y estudiante de Psicología. Apasionada por el aprendizaje sobre felicidad y bienestar, ha realizado numerosos cursos sobre el tema. Titulada en Coaching Social y en Neuroeducación, actualmente está inmersa en un nuevo proyecto literario.
https://www.instagram.com/lafelicidadseconstruye

LUIS MIGUEL ORTEGA SÁNCHEZ

DESDE LA PERPLEJIDAD

El alma no aprende nunca a estar sola. Ello permite el deseo, que es permitir el mundo.

Si hubiese algo que nos alertase de lo que está pasando de puntillas junto a nosotros; algo capaz de conceder el asombro y la alegría, que llevara a sentirse zarandeado por este vendaval de furias que llamamos vida, ese algo se parecería obstinadamente al deseo.

Quizá uno de los anhelos más extendidos sea ese poco explicado afán de encontrar la felicidad. También es el que con más encono nos defiende de nosotros mismos. Los deseos caminan junto al ser humano desde que este salió del barro. Ya saben, el hombre no acabó en botijo de puro milagro aquel día célebre que el dios de nuestro pariente más lejano anduvo de alfarero, quizá por desentumecer un poco la imaginación.

Pero antes de continuar vayámonos entendiendo, yo no sé qué es la felicidad, tampoco para qué sirve ni por supuesto dónde encontrarla. Convengamos entonces que lo que a continuación sigue solo es una mentira mejor o peor contada y, aunque ese sea oficio de poetas, a veces también lo es de quien pretende hornear verdades, no sé si esto disculpa de alguna manera la atrevida ignorancia de estas líneas.

No traer respuestas no me preocupa en exceso, debo admitir que hace tiempo dejaron de interesarme. Hay poca respuesta que no sea provisional. Basta mirar al dorso para ver impresa su fecha de caducidad. Además, me gusta sospechar que lo importante está en las preguntas, porque provocan la duda (ese misterio), y porque sustancian lo que ocurre. Cada pregunta tiene su propia voz, y te busca, te elige, te alcanza. Alguna va tras de ti toda la vida. Creo que vienen del mismo lugar que nosotros. A veces una pregunta es tan hermosa como entrar en un templo vacío.

La felicidad es una señora con prisas

«Cuando sabemos no saber, acudimos a los técnicos, que son los que cobran por equivocarse», me dice mi amigo el *luthier* de los zapatos y corazones que ruedan por estos lares; zapatero de oficio y bucanero de vocación, todo un personaje. Él es quien me convence de hacer una encuesta sobre la felicidad. «¿Sirve de algo?», pregunto. «De poco, pero por lo menos estarás entretenido y además la responsabilidad de los errores quedará diluida». Hablaremos de él más tarde si tenemos lugar para ello, lo merece. Verle llegar cada sábado calle arriba recogiendo encargos es todo un espectáculo. Antes de desaparecer se despide casi gritando: «¡Ah! Y apúntalo: la felicidad es una señora con prisas, viene para irse, en eso se me parece, ja, ja».

Dicho y hecho, nos ponemos manos a la obra. El pueblo es pequeño, de esos que están en medio del campo, como aquí se dice. Casi una aldea gala de los Obélix, la voz se corre rápido, todo el mundo quiere participar. Paradójicamente el primer encuestado soy yo; al día siguiente, el bucanero local me espeta a bocajarro: «Y usted, amigo mío —lo dice muy serio—, ¿conoce a mucha gente feliz?». Ante mi sorpresivo silencio, él mismo me responde: «Pues yo no. Y sé lo que me digo... Por ahí deberías empezar», insiste. Me convence. Este es el motivo de que su pregunta abra esta «Encuesta sobre la Felicidad»:

Y usted, ¿conoce a mucha gente feliz?[1]

(Espacio para su respuesta)

1 Nota: Se opta por dejar un doble espacio en blanco tras cada pregunta, para que, si lo desea, pueda plasmar su opinión. De todas las respuestas acumuladas, la que más puede importarnos a usted y a mí es la suya. Solo con ella queda completa la encuesta. Quién sabe, acaso sus palabras y sus silencios son el auténtico motivo de todo esto.

Y tenía razón, una vez más. (Mi amigo). Hay demasiada gente que conoce a demasiada gente que no es feliz. Esa es la primera y rotunda conclusión de la encuesta. «Te lo dije», proclama sonriente, casi triunfal. «Te lo dije», repite. Sabe que la frasecita me incomoda.

«No puedo dejar de preguntarme —dice una voz de mujer—, por qué vivo rodeada de tanta persona que no parece feliz. No pueden ser tan pocos los dichosos de este mundo. O ¿es que disfrutamos estando tristes?».

El señor bucanero, que por lo que se ve es quien aquí lo sabe todo, dice que tal vez exista una felicidad que no se percibe desde fuera. «Pero, entonces —le pregunto—, ¿qué clase de felicidad es esta que no se nota, que casi nadie ve? Mansa, minúscula, sin deseo de revancha... no peleada, que no saca las uñas».

«No lo tomes demasiado en serio —responde—. Una encuesta no sirve para que sepas más verdad, solo refleja un estado de opinión y esta es voluble. Quien hoy te dice *hola,* mañana te dice *adiós*. Mira lo que le ha pasado a Manolito... Tantos años pendiente de... buah. Somos lo que acabamos de ser. Un principio de incertidumbre completo, a escala real, corpóreo, visible a simple vista, sin necesidad de microscopio. Química, eso es lo que somos, minerales y líquidos que se mezclan o se rechazan, sesenta por ciento de H_2O salada, agüita de la mar que sabe andar».

Seguimos registrando respuestas. Alguien más explícito dice que hay como una epidemia de pelo triste, de serios, de gestos adustos, de material para la tristeza. Incluso hay quien contesta «Yo no soy feliz, pero no me importa, los hay peores que yo. Conozco personas que no quieren ser felices. Saben qué les rompe su vida y no hacen nada, se han acostumbrado a su dolor, viven —es un decir— anquilosados en la rutina de amontonar los días como quien amontona cosas desusadas».

Puede ser que nos sintamos compelidos a esconder nuestra felicidad. Si así fuese, ¿qué nos obliga a ello? ¿Qué mano poderosa obliga a disimular nuestra felicidad como si estuviese mal visto ser feliz? (También lo está ir silbando o canturreando por la calle). Y digo esto porque alguien deja escrito con letra débil, muy débil, casi como un susurro de tinta: «Yo disimulo mi felicidad. Me siento obligada a esconderla de las miradas de los demás».

¿Qué es la Felicidad?

(Espacio para su respuesta).

Una sonrisa que no esconde cierta incredulidad suele ser lo primero que contesta el interpelado. A partir de ahí…

«Esta es una pregunta que los diccionarios responden porque así son de atrevidos —dice como muy ufano mi esgrimidor de lezna y cerote— aunque a mí, ya sabes, un diccionario lo que más me recuerda es un cementerio de elefantes». Para él, la felicidad es tener todo el suelo repleto de zapatos con las suelas reventadas. Y aparte de su interés crematístico, no le falta su razón. La explicación científica la aporta un amigo ingeniero que además se llama Pepe diciendo «La felicidad y el dinero no pueden esconderse. Se te nota en la mirada… (como a la enamorada de la copla) y en la soltura de todo el cuerpo. Da seguridad, hasta los andares te delatan, pisas más fuerte. La felicidad gasta las suelas».

Y alguien que manifiesta saber mucho de esto porque está enamorada dice que la felicidad es una forma de luz disímil, sin barnices, sin filtros; una luz que no viene de fuera, sino que parte de dentro y permite ver lo que no se ve. Una forma de luz poliédrica, capaz de iluminar todas las faces, una luz que no consiente sombra, como si la compusiesen átomos aparatosos, zascandiles; insurgentes inofensivos sumidos en anárquica incertidumbre y que son incapaces de disimular su condición de saberse hijos de estrella.

My sweet lord de los remiendos —a veces le llamo así para encorajinarle— va dictando lo que refleja cada encuesta, yo me ocupo de las anotaciones. Nos conocemos bien. Amistad honda, tipo cante gitano. Son muchos años de desearnos buenos días, de compartir conos y vino, de ser compinches. Y discutimos, claro que discutimos, pero solo para después llevarnos mejor. Nada, cosas de quienes tropiezan con esa forma de amor que a veces llamamos amistad.

Se ríe de todo, pero más que nada de sí mismo porque el humor para él es algo muy serio. Estar a su lado es como sentarse junto a una lumbre. No sientes pasar el tiempo. No quieres que llegue mañana, el rato que lo tienes cerca te sientes un afortunado. Todo le importa tres bledos (él los llama de otra manera). Por nada del mundo cambiaría el gluglú de su puchero. Si vives junto a alguien así, nunca cambies de domicilio.

Creo haber dicho que es toda una celebridad. No me importa confesar que soy de los que salen a la puerta de casa para verle pasar los sábados por la mañana. Resulta todo un acontecimiento. Las mujeres —tiene un encanto especial para ellas— lo adoran (y algunos hombres también). Las malas lenguas —que son las mejor escuchadas— dicen que buen número de los rapaces del pueblo se le parecen descaradamente, él a eso siempre responde con una sonrisa y con un «quién sabe, jaja». Tiene descaro. A veces trae en la mirada ese desgaire turbio sacado del subsuelo con artes de rabdomancia. Baja las pestañas sin atosigamiento. Los párpados suyos abanican el fuego de hembra que toda mujer guarda. Sabe ser el truhan que cada una, aunque no quiere, busca. Para todas inventa una frase feliz salpimentada con lascivias inofensivas que envuelve con esa risa suya contagiosa que resuena a caballada en mitad de la calle. Eso las enerva... lo ambicionan, lo codician.

—¡Ay, Luisa Jacinta!, si tú estuvieses casada y yo no tuviera esta edad, mataría a tu marido porque te vinieses conmigo.

— Jajaja. Anda, bruto, loco. Que eso se lo dirás a todas.

—Te juro que a ninguna como a ti. Y no me tires de la lengua.

A nadie importa su físico próximo al desastre. Este hombre rollizo, sudoroso, dicharachero, con olor a cueros es un regalo de la vida, una brizna de felicidad que el viento de cada semana trae. No solo lleva y retorna zapatos, lo mismo te cambia una bombilla que te mata el cochino. «Hay que buscarse la vida —me dice—, el trabajo escasea, aquí la gente no se cansa de morirse. Los muertos no compran zapatos». Ah, y que no te duela una muela que te la arranca:

¿Y me dolerá? Ni te vas a enterar. ¿Estás seguro? Chist, ahí quietecito. Se lleva la mano al bolsillo de atrás, te clava la uña en la oreja al final del lóbulo, y cuando quieres darte cuenta te enseña la muela con su raíz colorada en la punta del alicate de fontanero que siempre lleva encima por si acaso. Pero, sobre todo, este pirata de ojos destapados trae una palabra alegre para cada cual, un pellizco de luz que hace salir a la gente de las casas para recibirlo en las aceras como quien se confía a un acontecimiento feliz.

Creo que me estoy yendo por las ramas y seguro que ustedes pensarán lo mismo, o no, porque algunos ya habrán adivinado que el bucanero mayor del reino, como yo le digo, es la prueba fehaciente de que la felicidad existe y puedes encontrártela al doblar cualquier esquina de la vida.

Nota: Conforme avanzamos el escrutinio, el personal responde de manera escueta (pensar cansa). Las más de las veces lo hace con monosílabos. Intentaremos ir extractando y dar voz a lo más relevante.

¿Dónde está la felicidad?

(Espacio para su respuesta).

«En el camino».

Esta respuesta es recurrente. Hay quien agrega que la senda es siempre hacia adentro. Todo lo otro es paisaje, *attrezzo,* nada más. Una excusa hábilmente pergeñada, para llevarnos a nosotros mismos.

«La felicidad no está más allá de siete mares, ni tampoco tras lejanos desiertos». Suena a frase leída en suplemento dominical, o propaganda de champús, pero la dejamos estar.

«Excava en ti. Ahonda. Desescombra tu alma. Darás con ella, la felicidad está ahí. No lo dudes, está en ti. Aunque reniegues de ella, va contigo adonde quiera que vayas; es más, llega antes que tú, como tu sombra cuando caminas de espaldas al sol. La felicidad viene a visitarte todos los días, es puntual. No falta a su cita. No le cierres la puerta. Está clamorosamente en ti. Aunque pretendas renunciar a ella, aunque desistas, aunque desestimes sus humores».

«Si consigues estar en paz con la voz de tu conciencia, y aquí interviene bastante el trajín que te traes con tu prójimo, vas a estar muy cerca de ser feliz. Pon un tiestito de alegría donde se vea. Poco quehacer es tan hermoso como ir llamando con los nudillos de una sonrisa a la puerta de los corazones contiguos».

«Desanda el camino de no creerte feliz, es una forma de pobreza, pero en triste. O a lo mejor resulta que eres feliz, pero nadie te lo nota, ni siquiera la persona que comparte tu lecho. Suelta lastre, traspasa tu umbral».

«La felicidad está donde el pensamiento renuncia a ser cobarde. Con ella los sueños dejan de ser indecisos porque suministra vocación de vivir, de sentir la vida, o al menos, no estorbar su pálpito. Viene y se va, mas nunca del todo, y cuando regresa... todo esto que tenemos a mano lucha por transformarse en canción».

«Sobre todo, la felicidad está en abandonar lo que te hace sufrir. Quien te hace daño no te merece. No hay cadenas que no puedan romperse. Da un portazo, marcha lejos. Hay un mundo desmesurado ahí fuera esperándote».

«Y no lo dejes para mañana. El mañana está demasiado cerca del nunca».

¿Se puede ser más feliz con menos?

(Espacio para su respuesta).

«El hambre cura mucha tontería», decía mi padre. También decía que «la no felicidad es una enfermedad de las sociedades ricas». Mi padre era un experto en pasar hambre, los primeros dieciocho años de su vida fue a eso a lo que se dedicó. Luego marchó a Santa Isabel de Fernando Poo, la actual Malabo, y de allí trajo historias que todavía hoy nos parecen increíbles. Aunque estaba mal visto por la cultura de la época, le fascinaba convivir con los bubis, una de las etnias de allí; por eso visitaba el poblado de su amigo Boré, donde no tenían nada más que moscas, incluida la temible tsé-tsé, y cuatro chozas. Se sentaban en el suelo para estar más cerca del pálpito de la tierra. Y en el suelo quizá comían y quizá dormían, pero no importaba nada, los bubis eran felices con rabia, con brutalidad.

Cualquier sucedido era motivo de imperiosa celebración. «*Na mi pikina lekayú*» (mi hija es cortejada) traía tres noches y tres días bailando y riendo y cantando y gritando sin parar sin comer sin dormir sin tregua para el descanso ni siquiera para utilizar la tierra como tamtán cuerpo sobre cuerpo desatendiendo así el mandamiento de aparearse preocupación principal de los dioses». Cuando mi padre nos confesaba esto sin pararse a respirar, su mirada se perdía en algún lugar remoto del que le costaba volver. «Todo era *katakata plenti* (éxtasis locura) al ritmo de palos huecos golpeados sin conmiseración».

Si necesitaban comida la tenían a pie de obra. A un paso de la última choza está la selva, inagotable despensa. Los olores de la realidad les llegan como han sido concebidos. Disfrutan la vida porque la tienen cerca, del mundo solo les separa su piel y a ella acuden sin intermediarios la caricia y el golpe.

No tenían la preocupación de ser felices, lo eran sin proponérselo.

Perplejidad

Demasiadas veces necesitamos carecer de felicidad para saborearla. Demasiadas veces somos felices a destiempo; cuando tenemos motivos para serlo, no lo somos; y en cambio, *ese momento* nos parece feliz si está en las manos del pasado o si lo retiene un futuro al que nunca apetece llegar. Y aun así... somos incapaces de renunciar a ella. Es como querer quitarse la sed con agua recién sacada del océano.

Pensar en la felicidad es atender a un garabateo de pensamientos que propenden a encontrarse y que son opuestos entre sí. Es como una disputa, como un enfrentamiento abierto de emociones que me produce rotunda perplejidad. Creo que la felicidad es la sensación más honda e inabarcable que nos está permitida a los humanos.

Creo también que la felicidad posibilita los acontecimientos más hermosos que ocurren dentro y fuera de esta piel que nos envuelve; prueba de ello, el amor, esa proeza del corazón.

Pero también la felicidad obliga a seguirla uncidos a los sueños que nos la ofrecen. Y solo cuando la conseguimos nos es dado descubrir lo efímero de sus favores. Después, vuelta a empezar... comenzamos la urdimbre de un nuevo deseo, una apetecida ambición que surge como la más nueva de las felicidades y vuelve a cerrarse ese círculo que se asoma a lo infinito. Por un pasmoso designio, este es el peculiar vasallaje que la felicidad exige de nosotros.

Y, sin embargo, no hay un solo momento de nuestra vida que no caminemos hacia la felicidad. Sospecho que es el auténtico motor de nuestras células, la voz prodigiosa que las convence para trabajar con un mismo afán. No es difícil que la felicidad sea la vocación de toda alma.

EpC

Esto ha llegado a su final, impagable la ayuda de mi bucanero feliz. Siento que traiciono su amistad si no les descubro que suya fue la idea de fundar juntos esa atropellada incongruente del EpC, «Encartados por Conocerse». Empeño casi tan disparatado como anacrónico que se encarga del reparto por medio mundo de una felicidad ausente pero imparable. Participamos en la ilusión trasnochada de compartir exclusivamente buenas noticias embarcadas en sobre, sello y matasello por vía postal. En la actualidad somos más de veintiséis mil contertulios de esta vertiginosa felicidad en Argentina, Colombia, México, España... más de sesenta países, incluso Australia. Una iniciativa apta solo para aquellos irreductibles que no renuncian al placer de contemplar palabras amigas a bordo de un papel. Seguramente ya la conoce. Aún hay quien no lo cree.

Hemos terminado de procesar datos. Mi zapatero prodigioso se despide. A veces no puedo evitarlo, siento envidia sana (suponiendo que algo con mecanismo tan delicado pueda existir). La jornada ha sido larga. Me desea las buenas noches. No necesita desechar pestillos. En los pueblos pequeños hay la costumbre de quedar la puerta de casa abierta para que el sol entre sin llamar.

«¡Aaaah!, ¡felicidad, felicidad! —dice con medio cuerpo ya en la calle—. Hubo un tiempo... yo tendría siete años, ocho quizá, no más, entonces... la felicidad estaba junto a la pizarra, en los labios de doña Olga. Ahora mismo la contemplo. ¡Qué poca piedad tiene! Y nosotros, todos, rezando para que se le caiga la tiza».

Despidámonos aquí

Hay amores que tienen de maravilloso hasta lo de ser imposibles, algo así le sucede a la felicidad. A menudo es como un amor de esos que... pero, qué les voy a contar que ya no sepan.

Y aun así, perdemos la cabeza por ir tras ella.

Supongo que estamos tan dispuestos porque la felicidad tiene ese despiadado encanto de la finitud indeseada. Al igual que la vida, ella también se expresa en instantes. Paladeamos *lo feliz* porque se nos concede no desconocer el alma de lo breve. Es como si caminásemos deslumbrados por *ese* momento con vocación de inmortalidad que hunde sus raíces más allá de nosotros.

La felicidad se construye con astillas de fugacidad.

Somos felices a sorbos, a fragmentos.

LUIS MIGUEL ORTEGA SÁNCHEZ

Mi nombre (a quién podrá importar) es Luis Miguel. Mi titulación académica, nula; qué se le va a hacer, la vida me tiene enseñado a no pasar de aprendiz. Me considero un indocto e irrelevante asesor de imagen de aquellos que tienen poco que decir; en ocasiones (esta es una de ellas) opto por la irreverencia, por bajar del pedestal a deidades comúnmente aceptadas como la diosa Felicidad. No sé si alcanzaré apetecible resultado. Pero prometo morir en el intento.

MARÍA ISABEL NARVÁEZ MARTÍN

LA FELICIDAD BAJO LA ATENTA MIRADA DE MERY

Todos tenemos un propósito en esta vida, una misión por la cual estamos aquí y que debemos descubrir. Conseguirlo hará que nuestra vida se vuelva más dichosa, feliz. Antes de nacer, nuestra alma pacta situaciones y experiencias que va a vivir en este plano de existencia material y en nuestro planeta. Pueden ser situaciones que no pudimos resolver en vidas pasadas. El fin es poder tener un conocimiento, un aprendizaje y una sabiduría para nuestra propia evolución personal. Hasta edades tempranas, aún podemos recordar las vivencias y conocimientos que tenemos de otras vidas. Estas, que quedan almacenadas en nuestra memoria, las podemos revivir, hasta que llega un momento en el que aparece un velo que nos desconecta de nuestra verdadera identidad, de los seres que realmente somos, sin saber de dónde venimos ni hacia dónde vamos, para así empezar una nueva vida desde cero. Muchas de las experiencias ya vividas han ido perfilando nuestra personalidad. Las percepciones erróneas de vidas anteriores se repiten vida tras vida sin poder modificarlas hasta que tomamos conciencia de ello. Este proceso del despertar de la conciencia nos llega a cada uno dependiendo de nuestro momento evolutivo.

Yo elegí la familia adecuada

Viví una infancia muy feliz rodeada de mi familia. Nunca presencié violencia ni maltrato. Recibí valores necesarios para mi vida. En mi memoria, quedaron grabadas las palabras de mi padre diciendo que no había que mentir. Un consejo que siempre he intentado seguir. Se percibía un clima de armonía y respeto entre mis padres que ayudó en la convivencia de todos los miembros de mi familia. Fuimos cinco hermanos, y hasta que nació el pequeño, fueron seis años en los que todos los ojos eran solo para mí. Ese instinto de protección que germinó en mí hoy forma parte de mi personalidad.

Esta infancia que viví me ha hecho tener una visión idealizada de la vida o estar viviendo en una quimera, como bien decía mi única hermana. Soy buscadora de momentos de soledad, donde mi mente vuela intentando resolver mis dudas existenciales, siempre en el camino de la mejora. Ya podía intuir que lo que me esperaba fuera del cascarón no era tan agradable como estar en mi quimera.

He estudiado en colegios religiosos por elección de mis padres, ambos han aportado grandes valores académicos y morales en mi persona. En el colegio de las Josefinas nació mi amor por el deporte, el inglés, la música clásica y la lectura. Recuerdo las lecturas de *El Quijote* en voz alta como algo maravilloso, así como que mi falta de puntualidad me ocasionó más de un problema. Puedo presumir de seguir guardando amistades femeninas de esos años. En el colegio de los Salesianos hice el curso de orientación universitaria por la rama de ciencias. Supuso cambios importantes en mi vida, se juntaba la adolescencia y mis primeras vivencias con el mundo masculino. Nuestro tutor, gran salesiano, ejercía con gran pasión la enseñanza y nuestra formación como personas. Fruto de ello, nació un grupo de amigos que mantengo en la actualidad. Recuerdo las clases de latín y de filosofía, donde nos enseñaban a pensar y reflexionar. Ahora entiendo y no olvidaré cómo me llamaba mi tutor, persona sabia y protectora: «Palomita blanca».

En mi mente siempre estaba la idea de ser azafata de vuelo, pero me decidí a estudiar enfermería en mi ciudad, quizás influida por mi madre. Entiendo que la elección ya estaba destinada a ser la correcta en mi vida. La escuela de enfermería donde cursé mis estudios se encontraba en el Hospital Perpetuo Socorro de Badajoz. La dirección y formación era llevada a cabo por médicos y enfermeras del mismo hospital a nivel teórico y práctico desde el primer curso. Recuerdo con felicidad aquellos años y el nuevo mundo que se abría ante mí. Las charlas en la cafetería, las escapadas sospechosas para juntarnos y compartir risas fueron lo mejor.

Estuve cuatro años trabajando de forma eventual entre Badajoz y Huelva. En mi alma tengo guardados todos aquellos recuerdos que me hicieron sentir muy feliz en el ambulatorio Virgen de la Cinta (Huelva). Los dos años que ejercí allí, viví en la residencia de las adoratrices, donde tuve una gran acogida. Quizás les caí en gracia, me gustaba cantar a lo Rocío Jurado y eso de una extremeña les llamaba la atención. Visité el Santuario de Nuestra Señora del Rocío. Esa Virgen, la «Blanca Paloma», cuando te mira, te atrapa, te hace devota.

Volví a Badajoz con veinticinco años, con mi plaza en propiedad en el Hospital Universitario, donde ejerzo actualmente. Esto significaba volver a mi hogar, con mi gente y en mi ciudad, a la que siempre me he sentido tan vinculada en cuerpo y en alma. Puedo decir que esta nueva etapa que comenzaba significó una gran liberación tanto en lo económico como en lo personal.

A partir de entonces tengo el recuerdo de vivir la vida con gran intensidad, pasión y mucha felicidad. Siendo generosa, también sufrí alguna que otra desilusión, todo ello necesario en mi aprendizaje de vida. He viajado mucho, sola y acompañada. Lo mejor de ello era mi vuelta. Todos me esperaban ansiosos porque sabían que la maleta venía cargada de regalos. Lo que no sabían era la felicidad con la que yo elegía cada uno de ellos. Ahora que mi tiempo me lo permitía, pude cumplir dos de mis sueños. Matricularme en la Escuela Oficial de Idiomas y conseguir la titulación de Ciclo Superior en Inglés, a pesar de la presión que generaban en mí los exámenes. Recuerdo el examen oral en cuarto, donde me quedé en blanco unos segundos, pero pude reaccionar a tiempo y conseguí la calificación de EXCELENTE. También hice mis pinitos en una Escuela de Teatro de Badajoz.

Mis vacaciones de verano fueron varios años en la ciudad de Hastings, al sur de Inglaterra, y también en Escocia, donde asistí al concierto de uno de mis ídolos, Michael Jackson. El deporte, muy necesario en mi vida, vengo haciéndolo desde que era pequeña. Comencé en el equipo de gimnasia del colegio, era de gran nivel y competición. Esta disciplina que adquirí desde pequeña me ha ayudado en momentos clave de mi vida. Mi primer destino laboral por elección propia fue en la Unidad de Hematología y Oftalmología. Éramos jóvenes entusiasmados que crecimos, durante más de una década, compartiendo trabajo y ocio. Más tarde me trasladé a la Unidad de Digestivo, donde sigo trabajando en la actualidad. Somos una gran familia, una escuela de valioso aprendizaje. Hay cariño, apoyo y cenas especiales.

Mi vida sentimental ha sido apasionante, con hombres que han pertenecido a diferentes mundos. Todos han aportado en mi vida. Con treinta y cinco años conocí al hombre con el que me casé, viajamos mucho y en poco tiempo nació mi hijo. Fueron años de felicidad, de chupetes, nanas, inventar cuentos, visitas al pediatra, noches sin dormir y el cambio que supuso en mí la maternidad. Mi hijo llegó a una edad que para muchas mujeres puede ser tardía, pero a mí me llenó de una enorme felicidad. Gracias a un grupo de madres del colegio, todo era más ameno. Como ningún niño viene con un manual de instrucciones, aparecieron grandes interrogantes en mi vida referentes a la idea del bien y el mal, el castigo, el tiempo que debía estar con él, dudas, todo unido al cansancio de criarlo y compaginarlo con la vida familiar y laboral. Nacieron muchas inseguridades y miedos que antes no había sentido. Sentía dentro de mí que había algo que me impedía continuar evolucionando y me creaba angustia, intranquilidad. Estaba tan centrada en mi hijo, que apenas tenía tiempo para mí. Abandoné el deporte, esencial en mi vida.

Tras varios años con esa angustia, empecé a debilitarme física y mentalmente, a lo que se sumó la pérdida de mi hermano pequeño, otro añadido a mi bajo estado emocional. Ninguna de las inseguridades que podía haber tenido antes me habían llevado a esa carencia de energía vital, ya que siempre he sido muy vitalista y luchadora. Ahora entiendo que fue necesario vivir aquellos momentos, necesitaba ese aprendizaje para procesos futuros que estaban por llegar. Encontré una salida haciendo natación, disciplina que a mi entender es de las mejores a cualquier edad, me fortaleció. Más tarde empecé a practicar pilates, elección importante la que tomé. Conocí a mujeres que, como yo, iban casi a diario y así fue naciendo una amistad. Algo que surgió de forma casual, quizás nuestras almas estaban destinadas a encontrarse.

Desde el nacimiento de mi hijo me volví más sensible y, en el mundo laboral, descubrí una nueva forma de acercamiento a los pacientes que me hacía sentir muy feliz. Ya no se trataba de llegar a las habitaciones, darle los buenos días y realizar las tareas rutinarias. Entendí que era más importante transmitir alegría, conversar e incluso contar cosas de mi vida. Sentía que de esta manera todo era más gratificante. Todo lo que entregas desde el corazón tiene un enorme poder, ya que mejora su estado de ánimo. El trabajo de enfermería, donde hay todo tipo de pacientes, ocasiona un desgaste emocional y físico. Muchas situaciones y actitudes de otras personas se tornaban dolorosas para mí. Era un camino en el que no entendía nada de lo que ocurría. Perdí a mi hermana y a mi padre, otro golpe más a mi estado emocional. La pérdida de los seres queridos deja importantes vacíos que necesitan de tiempo para mejorar. Parecía que mi corazón era un saco de boxeo, donde golpeaban emociones y sentimientos negativos que aumentaban mi angustia vital. Era como vivir la famosa frase de Santa Teresa de Jesús: «Vivo sin vivir en mí».

Cuidar de mi madre, ya mayor, más indefensa y desprotegida, con un enorme vacío, fue otro cambio importante en mi vida. Cuando estás sumergida en tanto dolor, es difícil encontrar la solución, la salida que te pueda aliviar. En etapas anteriores de mi vida, parecía que encontraba la mejoría en las cosas que me hacían sentir feliz, me reponía con facilidad. Ahora la maraña era difícil de solucionar. En la relación de pareja aparecieron dificultades que no pudimos solventar y decidimos divorciarnos. Tenía que emprender una vida nueva, lo más duro era no tener a mi hijo siempre a mi lado. Fue entonces cuando recibí una señal. Era la voz de mi alma, que de forma sutil y concisa me advertía que no estaba yendo por el camino adecuado. Llevaba una mochila demasiado cargada a mis espaldas. La respuesta a lo que me ocurría no la podía encontrar fuera de mí, solo estaba en el camino del autoconocimiento. Tenía que sanar las heridas traumáticas y emociones acumuladas que me habían conducido a ese estado cada vez más doloroso. Estaba en mi destino que apareciera la persona que me iba a enseñar cómo sanar las heridas de mi alma, mi gran maestro espiritual. Su presencia ha sido clave en mi vida, con su sabiduría he podido saciar mi hambre espiritual.

Fue necesario seguir muchas lecturas. Dar el gran salto al vacío, perdiendo todo tipo de miedos, entender qué significa la muerte, qué hay después de ella, conocer muchas más verdades de la vida y existencia. Este salto evolutivo significó un antes y un después en la manera que quería vivir mi vida a partir de ese momento. He conocido otros maestros, personas sabias que también han contribuido a mi despertar. Cada día son más las personas que eligen evolucionar por la senda de la espiritualidad. Empecé a creer en los beneficiosos resultados que obtenemos cuando aprendemos a controlar los pensamientos. Lo aprendí con *El método Silva de control mental*, de José Silva, que me regaló mi hermano. Cuidar más la alimentación ha sido fundamental, ahora más sana y natural, que aporta más energía, productos de la tierra. En mi mente existían unas metas que seguir. La voluntad y la disciplina han sido mis mejores aliadas.

Me siento afortunada por todo lo que me ha ocurrido, ahora soy más sabia y conocedora. Doy gracias a toda la familia tan maravillosa que tengo y a aquellos que se fueron, pero siento que están a mi lado. Destacar a mi hijo, ya adolescente, me fascina el talento que tiene con la magia, rodeado y aprendiendo de grandes magos. Mi madre, presumida y coqueta, me sigue cuidando, agradezco a los que también cuidan de ella. A mi sobrina, por su gran apoyo en este proyecto. Los buenos amigos de siempre, los que he tenido la suerte de conocer, algunos en las redes, a todos mis compañeros del hospital y a mis vecinos. Agradezco a todos su cariño y apoyo. Generosos con el tiempo que me han dedicado, siempre los llevaré en mi alma. Trabajar en tiempos de pandemia ha sido una gran satisfacción. Era importante cuidar y apoyar a los pacientes. Aunque fueron momentos duros, todos dábamos lo mejor. Había que asistir a los pacientes afectados y aquellos que por su patología necesitaban ser ingresados o intervenidos. Se gestionó con gran eficacia la situación de emergencia sanitaria que vivimos. Mi vida fue cambiando, poco a poco, a través de las lecturas de filósofos y grandes maestros espirituales. Entendí que, para ser feliz o vivir en paz, tenía que cambiar la forma en que había percibido aquellas situaciones que dejaron una huella negativa en mi alma. Había que pasar página, empezar a crear una realidad diferente, ausente de pasado doloroso, rencor, sin críticas ni juicios, eliminando todo tipo de pensamiento negativo.

La tarea no ha sido fácil, ver la luz en un mundo donde hay demasiada oscuridad requiere de un gran trabajo interior. He encontrado otras alternativas que también me proporcionan bienestar: masajes con fisioterapeutas, meditaciones guiadas, escuchar música, ejercicios hipopresivos en el gimnasio, bailar mientras camino y sesiones de estética facial, corporal para aliviar mi tensión corporal. Mi peluquera, asesora de cosmética, manicurista, podólogo y entrenadores del gimnasio... Con todos he mantenido conversaciones interesantes y algunos han sido mis confidentes. Los momentos que comparto con mi madre, los programas de entretenimiento me hacen sentir felicidad. Agradezco a los grandes profesionales de la medicina, psicología y psiquiatría, que con su trabajo y esfuerzo cuidan de nuestra salud.

He conocido el mundo de las inversiones del que no sabía absolutamente nada. Debo reconocerlo, me ha parecido interesante. He encontrado grandes profesionales que me han asesorado bien. Comencé con inseguridad, pero poco a poco, con charlas continuadas, ha crecido en mí la confianza y me ha abierto los ojos hacia el mundo de las finanzas.

Mis últimos viajes fueron muy enriquecedores. Sirvieron para desconectarme de todo el barullo mental y eso redundaba en mi felicidad. Viajé a Tanzania y Zanzíbar con un grupo pequeño, siempre acompañados por la agencia. Maravillosos fueron los safaris en los parques nacionales de Tarangire y Serengeti. Pude contemplar a poca distancia a todos esos animales que vemos en los documentales de National Geographic (estaban allí, en su Land Rover, podían tardar horas para captar o filmar imágenes. Eran diez leones, permanecían recostados en una enorme roca). Verlos en su propio hábitat, en libertad, fue fascinante. Nos contaron que algunos estaban en peligro de extinción. Fue un privilegio disfrutar de esa naturaleza tan virgen, sin contaminación y sus olores te atrapaban (me viene a la memoria cómo embriagaba el olor a hierbabuena mientras miraba embelesada a los elefantes, que con sus enormes trompas a la boca se las llevaban). Las puestas de sol, espectaculares. Visitamos un poblado masai, los acompañamos en sus danzas. Las playas eran de aguas cálidas y cristalinas. Disfrutar de aquellos baños, las ricas frutas y todos los demás manjares fue muy reconfortante. La isla Changuu, prisión para esclavos en 1860, ahora hábitat para las tortugas gigantes de Aldabra, fue espectacular. Conocer a sus gentes, su historia, las costumbres y gastronomía fue todo un sueño, era vivir en otra realidad muy diferente. Fueron momentos inolvidables, de sentido del humor y anécdotas (la avioneta que nos trasladaría al siguiente destino no pudo volar por causas meteorológicas, tuvimos que recoger las maletas para cambiar de aeropuerto).

Recorrer el camino francés de peregrinación a Santiago de Compostela, lo recuerdo con orgullo. A pesar del esfuerzo físico, compensaban los momentos de largas caminatas charlando con tus compañeros, con quienes compartías reflexiones, también con otros caminantes que seguían nuestro camino. Otros tramos los hacía en solitario, compaginaba el disfrute con mis pensamientos. Los paisajes que iba encontrando eran preciosos. Atravesé bosques, pueblos rurales, ermitas, riachuelos y puentes hasta finalizar la etapa de cada día. Las pequeñas paradas eran importantes para poder descansar, tomar alguna bebida o alimento en las cantinas y ventas. Las fotografías y los buenos momentos quedaron grabados. El camino finalizó con la llegada a la Plaza del Obradoiro (Santiago de Compostela). Sentí una gran emoción, nos acompañaba la música que iba tocando un gaitero. Lo había conseguido, con alguna que otra uña de los pies ensangrentada y el cuerpo algo dolorido, jajaja. Esa misma mañana disfrutamos de una gran mariscada en plena plaza, oír cantar a la tuna mientras tomábamos el café, un auténtico placer.

Mi trabajo interior continuaba, todo lo que leía sobre crecimiento personal me estaba transformando, producía cambios positivos en mí. El vacío que supone despojarse de lo negativo, lo que no es útil, se va llenando de nuevas y mejores oportunidades. La generosidad, compasión, cariño, empatía y el entendimiento con los demás eran lo más importante.

He tenido la suerte de conocer a una excelente psicóloga y maravillosa persona. Con gran talento, ha entendido mi proceso y ha despertado a los que estaban latentes en mí, siempre la llevaré en mi alma. Apareció de casualidad, un día visitando las redes, un método de casi un año de duración, donde podías aprender cómo escribir un buen libro, así como todas las herramientas para ser publicado en una buena editorial. Mi primera motivación fue la curiosidad, cualidad que forma parte de mi personalidad. Los nuevos retos siempre han sido mi motivación. Al principio me sentía un tanto extraña, pronto crecieron en mí las ganas de aprender.

Surgió crear una cafetería virtual con los compañeros del curso, para intercambiar opiniones distendidas, mensajes con frases alegres y positivas, proyectos, aportaciones interesantes relacionadas con la escritura, música, libros editados, otros en camino, también hay momentos de risas. Me siento feliz entre ellos, hay buen ambiente. Nuestro curso, MAPEA 6, está dirigido por un excelente profesional y gran persona. El entusiasmo y la sabiduría que transmite han conseguido que alcance la meta que parecía inalcanzable, escribir mi primer manuscrito. Colaborar en el ensayo *15 miradas a la felicidad* con compañeros de MAPEA 6 ha sido increíble. El esfuerzo, cariño, generosidad y apoyo entre nosotros ha dado luz a nuestro proyecto. Agradezco a todos ellos y a mi compañero el filósofo, a quien consulté temas de filosofía. Por causas del destino, el proyecto nos ha unido para siempre.

Un nuevo curso sobre la alquimia del alma ha llegado a mi vida. Lo imparte un gran maestro con muchos años de experiencia y gran conocedor de la CÁBALA HEBREA. Estudiarla nos hace conscientes de que el propósito de la vida es la búsqueda de nuestra verdadera identidad. Compartir tareas con los demás compañeros, conocerlos, está resultando muy positivo. He recogido muchas enseñanzas durante mi viaje, mi camino: lo más importante es amarnos y perdonarnos. El perdón, AMOR INCONDICIONAL a nuestros semejantes, traerá dicha, paz a nuestras vidas. No somos seres independientes, separados del resto de seres del reino animal, vegetal y mineral que habitan nuestro planeta. Somos uno con el universo. No vinimos a competir, a envidiar a nadie, a través del personaje que ha creado nuestro EGO, en este plano de existencia material. Cada ser es una pieza importante, única y diferente de un gran PUZZLE.

Cuando despertamos a la consciencia, la luz, la paz y la dicha habitan en nuestros corazones. Podemos recordar quiénes somos realmente, de dónde venimos y hacia dónde vamos. Descubrir la misión que elegimos traer a esta vida nos hará vivir en FELICIDAD.

MARÍA ISABEL NARVÁEZ MARTÍN (MERY)

Enfermera con 39 años de experiencia y una larga trayectoria en el ejercicio de su profesión, siempre motivada por la vocación y la felicidad que encuentra en ello. Gran amante del deporte, el inglés, la música, el arte, en el teatro hizo algunos pinitos con una escuela de teatro de su ciudad. Siempre sintió gran atracción por la sabiduría y el conocimiento de los grandes pensadores y siente una profunda conexión con el mundo espiritual. Luchadora y guerrera infatigable en el camino del autoconocimiento.

MANUEL GÓMEZ

LA FELICIDAD COMO ESTADO DEL ALMA

«Si la mente reside en el cerebro, el alma está en el corazón». Con esta metáfora abrimos el camino a la concepción de la felicidad como un estado anímico. Un estado en el que, cuando nos sobreviene el gozo, decimos que se nos alegra el corazón.

Parece necesario precisar los términos del título del presente capítulo dado que, según se interpreten las palabras utilizadas en él, el sentido de lo escrito a continuación pudiera diferir e incluso llegar a perderse. El término *alma* se emplea aquí en la acepción de la psique griega, refiriéndose a un tipo de energía o fuerza vital que está unida al cuerpo en vida y se desprende de él al morir. La palabra estado se refiere a una situación en que se encuentra el alma, pudiendo variar dicha coyuntura desde el más abominable sufrimiento hasta la condición búdica de paz genuina o felicidad absoluta, como diría Nichiren Daishonin. Utilizamos con frecuencia las expresiones «estado anímico» o «estado de ánimo» para hacer referencia a nuestro estado psíquico, es decir, al estado de nuestra alma. La felicidad es un estado psíquico —y también fisiológico—, por consiguiente, un estado del alma en el sentido etimológico.

Los tres mil figurados mundos que contempla el budismo —se trata de una metáfora—, que podemos interpretar como estados anímicos o estados vitales y que se encuentran todos ellos latentes en cada una de nuestras vidas, no nos están hablando de infinidad de realidades objetivas que pudiéramos experimentar, que también, sino que simbolizan esencialmente todos y cada uno de los estados del alma que podemos saborear en un mismo instante vital. Dicho con otras palabras, podemos fluir entre los figurados estados, discurrir de un mundo a otro y viceversa, y que cualquiera de nosotros puede experimentar cualquiera de ellos, incluso en una misma experiencia puntual o en un mismo instante de nuestras vidas. Nichiren clasificó todos esos mundos en una síntesis de diez.[1]

La cuestión mollar estaría, expuesto lo anterior, en conocer si nuestro libre albedrío nos permite elegir entre todos los mundos posibles y, si esto fuera así, cómo hacerlo real para sentirnos más plenos y completos, es decir, más felices. Conocimiento que excede en mucho las limitaciones de este ensayo. No obstante, algunas de las consideraciones que se exponen más adelante pueden hacernos reflexionar sobre el fondo del asunto e incluso apuntar al discernimiento.

Transitamos de forma permanente de un mundo a otro de los citados por Daishonin, desde el infierno al reino de los cielos según los denominamos en nuestra tradición, como experiencias vitales presentes en nuestras vidas. Todos disponemos del potencial para vivir cualquiera de los estados y, de hecho, damos vida a diferentes aspectos de nosotros mismos que coexisten a modo de múltiples yos, de diferentes personalidades que manifestamos en función de la circunstancia externa y de nuestra estructura psíquica. Todos los mundos posibles son estructuras arquetípicas, latentes, que están potencialmente en cualquier ser humano y que, además, pugnan por manifestarse. ¿O es que alguno de ustedes, queridos lectores, no ha transitado por muchos de esos mundos sin solución de continuidad?

Nuestras experiencias vitales implican una interacción con el entorno que sin remedio está condicionada por nuestra tendencia interna, la cual es resultado de nuestras creencias, de los propios valores y del deseo que nos mueve. El estado de conciencia con el que nos manejamos en esas experiencias es el factor fundamental, pues en la mayor parte de las ocasiones no somos conscientes del origen de lo que experimentamos y de sus consecuencias. La coherencia entre nuestra tendencia interna así entendida, que afecta a las

---

1 «Los Diez Mundos» de Nichiren Daishonin.

relaciones, y la esencia de lo que somos, influirá en nuestro estado anímico. Además, nuestras creencias, valores y deseos son un motor en nuestra vida que nos impulsa al crecimiento, pero también pueden convertirse en una limitación si nos aferramos a los resultados. Es decir, si convertimos el resultado en el objetivo vital, en lugar de que lo sea el hecho de transitar el camino de crecimiento, aparecerá un sentimiento de apego a lo que hemos conseguido con el consiguiente miedo a perderlo: surgirá una limitación o escollo en nuestra ruta vital. Aparece en el horizonte una de las posibles claves de la felicidad: la dominancia en nuestras vidas del deseo entendido como un impulso fundamental orientado al crecimiento, o bien el sometimiento que nos impone la restricción de miras provocada por el apego como vínculo que nos aferra a lo conseguido.

El deseo es un impulso primario, pero no entendamos este calificativo como rudimentario, sino como primero o esencial en el mantenimiento y desarrollo de la vida: instinto podríamos llamarlo, que en un primer estadio se ocupa de la supervivencia propia y de la especie, pero que en niveles de conciencia más elevados nos impulsa hacia la completitud, hacia la individuación expuesta por Jung que describe el proceso dirigido a sentirnos indivisos, completos en nosotros mismos; no se trata, pues, del camino de separación de los demás que nos hace sentirnos como un individuo aislado. Parece sencillo entender que, si ese instinto que nos impulsa está presente en todo lo viviente, nuestra tendencia natural es hacia la felicidad asociada a sentirnos completos y no hacia el sufrimiento. ¿Qué ocurre entonces para no experimentar la felicidad?

No somos libres. Las más remotas tradiciones, que han derivado en religiones, hablan de un estado condicionado del alma como algo inherente en la vida humana y lo explican como una cualidad con la que venimos al mundo y que es fruto de nuestra identificación con la realidad material. Esta identificación con la materia la definen como ilusoria, pero seamos conscientes de que tiene poco de ilusoria pues existe una realidad que es objetiva: vivimos esta vida encarnados en materia y todo lo que podamos hacer como seres humanos será dentro de este escenario y no en otro. La ilusión está en el hecho de que considerarnos solamente un constructo de materia y mente es una limitación para nuestra esencia espiritual. Otras tradiciones religiosas han atribuido el condicionamiento a otros orígenes. Pongamos el caso de la tradición cristiana, que nos habla de la expulsión del paraíso por haber cometido pecado: el pecado original con el cual nacemos todos. Hemos tomado estas palabras de nuestra tradición en sentido literal, cuando lo que tratan de expresar es la sustancia o esencia que está oculta en el orden de la realidad, esto es, de este modo se nos está diciendo que el condicionamiento del alma está compuesto por un sentimiento de separación de la fuente de la que provenimos, un sentimiento de culpa por ser los causantes de dicha separación, lo que nos lleva a no percibirnos merecedores de aquello que nos reporta felicidad si no es por medio de sacrificios y, como consecuencia de lo anterior, un miedo al porvenir. Parafraseando a Séneca, para ser felices hemos de deshacernos del recuerdo de un mal pasado y del temor a un mal futuro.

Y en este «estado de ánimo» nos encontramos: identificados de forma predominante con nuestra realidad material y, además, sintiendo culpa, indignidad y miedo en el alma. ¿Cómo sentirnos felices ante una realidad continuamente cambiante que no podemos controlar, empeñados en el apego a situaciones que sabemos efímeras, pero de las que hemos hecho el eje de nuestra vida y ante las que el solo planteamiento de que puedan desaparecer nos hace caer en el miedo al futuro, a la vida? Los masái dicen a los occidentales: «Ustedes tienen muchas cosas. Nosotros somos felices».

Para ser feliz uno ha de ser lo que ha venido a ser, es decir, nuestro cuerpo —que es la forma— pudiera restringir a nuestra sustancia —que es el alma— revelando solo la forma o, bien al contrario, puede ser flexible y adaptar la forma para que se pueda mostrar la sustancia —revelar el alma—: este es el objetivo de la conciencia. La conciencia ha de ser también flexible para que la forma pueda adaptarse y aquella pueda ser revelada. Oscilación entre ambas, conciliación, sin romper la forma ni ahogar la esencia. Aquí cabría preguntarnos, si partimos de que nuestro destino o propósito es alcanzar el mayor nivel de conciencia, cuál es la razón de que no podamos acceder rápidamente a él. La explicación se encuentra en que no creemos ser lo que somos, sino que nos identificamos con lo que creemos ser. Pudiera parecer un juego de palabras, aunque en realidad se trata de una experiencia vital por la que todos transitamos. Nos identificamos con el yo que creemos ser, haciendo de él el centro de nuestra vida: una actitud denominada egocentrismo que da lugar a una ética cuyo nombre es egoísmo. Esta es la causa principal que nos impide lograr un estado de felicidad. No accedemos rápidamente a niveles de conciencia superiores a causa de identificarnos completamente con nuestra naturaleza efímera.

Hagamos el siguiente ejercicio: supongamos que el alma humana, nuestra naturaleza esencial, tiene como finalidad alcanzar el mayor nivel de conciencia posible y como consecuencia está deseosa de recibir más luz; por otro lado, el alma habita en un recipiente que es nuestro cuerpo, con todas sus necesidades finitas, que está gobernado por nuestro cerebro. La mente humana, que podríamos considerar como el resultado de nuestros procesos cerebrales tanto conscientes como inconscientes, es quien dirige nuestro comportamiento. Y una de las características fundamentales de la mente es su búsqueda continua de seguridad. Esta es la otra cara de la moneda del cambio, de la transformación: cambio y seguridad son conceptos que percibimos como opuestos y nuestra mente opta por lo último en modo «piloto automático». Se da entonces un juego de poder entre alma y mente, entre el deseo de transcender nuestro yo egocéntrico y el apego a él: una lucha entre lo trascendente y lo contingente. Es un combate entre la luz de la conciencia y la ilusión del yo que creemos ser, lucha en la que habitamos a lo largo de nuestra vida terrenal. Un paradójico conflicto en el que las dos partes contendientes se necesitan, pues cada una de ellas no puede vivir sin la otra: necesitamos el ego para atender a nuestro cuerpo y a su vez el cuerpo necesita del alma para evolucionar. Ambas facetas son imprescindibles para vivir.

Esto, que es así en el plano individual, podemos extrapolarlo al colectivo, a los otros, al prójimo, y entonces observamos que nuestro crecimiento tiene sentido si es compartido, es decir, si el prójimo o la humanidad crece conmigo. El crecimiento propio sin compartirlo es otra forma de egoísmo, es seguir dando vueltas a la noria creyendo que progresamos cuando en realidad no nos hemos movido del lugar que ocupamos.

Para los cabalistas la vida es una eterna oscilación entra dar y recibir, este es el camino de la plenitud. Si solo doy, no tengo compasión conmigo y si solo recibo, no soy compasivo con los demás… y vuelta la burra al trigo, que diría un castizo. El equilibrio como tal, en la cábala supone la muerte: ni dar ni recibir. Y es tan necesario recibir para poder dar, como dar para poder seguir recibiendo. Decía Abraham Abulafia: «Es feliz quien está estudiando para revelar información. Hay que transmitir para vaciarse y así poder recibir y seguir revelando».

Por otra parte, el no ser lo que hemos venido a ser, ya sea provocado por exigencias externas admitidas o por apegos vanos, conlleva un importante desconocimiento de uno mismo. Tal realidad que se evidencia en multitud de comportamientos exige un gran esfuerzo de introspección para poder salir de ella, además de una actitud de íntima honestidad. Ambas exigencias difíciles de cumplir cuando uno se identifica con lo externo y efímero; trabajo más arduo aún, cuando la vanidad o la soberbia nos hace creer que llevamos las riendas de nuestra vida y queremos controlarlo todo. La verdadera felicidad es la que podemos experimentar desde nuestro ser interior hacia fuera. Las ideas fijas almacenadas en nuestra mente nos hacen creer que las condiciones que nos rodean son la base sobre la que se construye la felicidad, pero esa sensación de bienestar físico y psíquico ya sabemos que es efímera y que, además, tiene un efecto acumulativo por el cual, una vez que hemos conseguido las condiciones deseadas, ha de transcurrir poco tiempo para que estas nos parezcan insuficientes y deseemos más. Encontrar lo que mejor puedo hacer en cada situación es lo que me puede dar felicidad: esto exige investigar en uno mismo para conocer quién soy, apercibiéndome de que lo que soy no lo puedo establecer por comparación con lo que son los demás. Jorge Bucay lo expone de manera magistral en este cuento:

> «Un rey fue hasta su jardín y descubrió que sus árboles, arbustos y flores se estaban muriendo.
>
> El roble le dijo que se moría porque no podía ser tan alto como el pino. Volviéndose al pino, lo halló caído porque no podía dar uvas como la vid. Y la vid se moría porque no podía florecer como la rosa. La rosa lloraba porque no podía ser alta y sólida como el roble.
>
> Entonces encontró una planta, una fresa, floreciendo y más fresca que nunca. El rey preguntó:
>
> —¿Cómo es que creces tan saludable en medio de este jardín mustio y sombrío?
>
> —No lo sé. Quizás sea porque siempre supuse que cuando me plantaste, querías fresas. Si hubieras querido un roble o una rosa, los habrías plantado. En aquel momento me dije: intentaré ser fresa de la mejor manera que pueda».

Estamos hablando de nuestra manera de vivir más común, lo normal en términos estadísticos: la moda, lo más frecuente. Todas las consideraciones realizadas hasta aquí tienen que ver con nuestra felicidad. Mejor dicho, con la falta de ella en nuestras vidas. Hagámonos conscientes de que vivir aferrados a estos comportamientos que podemos llamar comunes, normales y aceptados por la mayoría, es la causa que fomenta nuestra insaciable insatisfacción y frustración. Razón por la cual, el darnos cuenta de ellos y poder vivir los acontecimientos de la vida desde otra conciencia, es un camino abierto a experimentar la felicidad.

Fijémonos en otro de los más comunes errores de percepción en el que incurrimos. Supongamos una situación imaginaria en la que el comportamiento de otra persona nos resulta realmente molesto o desagradable: inmediatamente podemos sentir la emoción que nos produce reflejada en nuestro cuerpo. Acto seguido lo que hacemos es comenzar a pensar —y muchas veces a expresar— argumentos que justifican la emoción que estamos sintiendo, construyendo un relato coherente que nos hace afianzarnos aún más en dicha impresión. Esta es la secuencia de sucesos que percibimos, pero en realidad no nos estamos dando cuenta de que, entre la percepción de la situación a través de nuestros sentidos —vista, oído, tacto, olfato y gusto— y la aparición de la emoción ha ocurrido algo. No caemos en la cuenta de lo que sucede porque esa parte del proceso mental es completamente inconsciente: entre la percepción sensorial y la emoción ha habido un proceso de filtrado de los hechos, basado en nuestras creencias, valores y juicios aprendidos, que ha etiquetado dicha situación como adecuada o quizá como inconveniente. Y es este trámite inconsciente el que da lugar a la emoción consecuente con el etiquetado inconsciente que hemos realizado. Después vendrá la elaboración del relato coherente mencionado, o lo que es lo mismo, la mente buscando su seguridad. Explicado esto, parece factible que si nos damos cuenta del juicio que hay implícito antes de la aparición de la emoción y relativizamos o modificamos este prejuicio, podemos experimentar una emoción distinta y elaborar otro relato ajustado a ella que sea más constructivo: viviremos el mismo hecho desde un estado de felicidad distinto. Los neurocientíficos definen la felicidad como un estado emocional en el que el cerebro consciente tiene poco que decir y han constatado que las emociones, que controlan incluso nuestro estado físico y bienestar, son indispensables para alcanzar la felicidad, de lo que se deduce que trabajando los patrones mentales que dan lugar a las emociones, podemos aproximarnos a ser felices.

El cuerpo humano es un perfecto mecanismo detector de nuestra felicidad. Su complejo entramado nos permite apreciar cada uno de los múltiples estados del alma como sensaciones en nuestro organismo. Sabido es que el sistema límbico es el principal responsable de la vida afectiva y de las emociones, sin olvidarnos de que estas están mediatizadas por el contenido inconsciente de nuestra mente. Pero también conocemos que todos nuestros órganos corporales están conectados al sistema nervioso y que este, en cierta medida, está controlado por el sistema límbico, razón por la cual es fácil deducir que nuestro estado anímico y nuestras emociones tiene una directa repercusión en el correcto funcionamiento de nuestro organismo. No hay nada que pueda ser separado en nuestra naturaleza: cuerpo, mente y alma son un todo indivisible. Es por ello por lo que hemos de tomar conciencia, además, de la importancia de ser felices para nuestro bienestar corporal.

Alcanzar la plenitud o llegar a sentirnos completos pueden parecernos objetivos inalcanzables, pero no olvidemos que el verdadero sentido está en ser consecuentes con lo que hemos venido a ser y no en acumular méritos; está en acudir a la viña y no en cuánto tiempo estemos en ella ni el fruto que recojamos, como dice la parábola bíblica de los viñadores (Mt 20). Lo importante es sentirnos acordes con la vida, lo cual podríamos explicar como un estado de serenidad ante las circunstancias y con las decisiones que tomamos: de esto se trata experimentar la felicidad. Y estamos dotados para ello. Somos una presencia interior y no los personajes que representamos. Hay que permitir que esa presencia esté despierta, pues será feliz siendo lo que es.

Referencias

Infierno: no es un lugar, sino una modalidad de experiencia de vida que representa el sufrimiento más extremo, en la que sentimos que no tenemos libertad de acción. Se trata de una pérdida absoluta del sentido de la vida.

Hambre: está dominado por deseos insaciables de bienes, poder, estatus, etc., que no podemos controlar.

Animalidad: regido por los instintos, prima la supervivencia y territorialidad sin razón y sin moralidad.

Ira: asociado a la intolerancia y a la arrogancia. Nos apreciamos a nosotros mismos, despreciando a los demás.

Humanidad: es el estado natural del ser humano, en equilibrio con su entorno —familia, hogar, trabajo—, pero muy influenciable por las circunstancias externas.

Exaltación: estado de satisfacción alejado del sufrimiento donde todo encaja, pero es a la vez efímero pues depende de las circunstancias externas. Hay que disfrutarlo con la conciencia de que desaparecerá, ya que asirnos a él nos llevaría a caer en los mundos anteriores.

Aprendizaje: se trata de un estado de introspección y búsqueda de respuestas que puede llevar a la revelación. La seguridad y alegría que proporciona no desaparece.

Revelación: se busca la verdad no a través del aprendizaje de conocimientos externos, sino de la observación de la realidad.

Bodhisattva: es un estado al servicio de los demás en el que la satisfacción proviene de la felicidad del otro.

Budeidad: se alcanza una sabiduría ilimitada y una compasión infinita. Se percibe el conocimiento completo de uno mismo y de la vida.

MANUEL JOAQUÍN GÓMEZ GONZÁLEZ
@manuelgomezsandoval

(Cangas del Narcea, Asturias, 1958) Es oficial del Ejército en reserva, piloto de helicóptero, máster en Administración de Empresas, en Dirección de Seguridad y en Psicoterapia Analítica, este último con el que descubrió una nueva vocación. Tras casi dos décadas profundizando en el conocimiento de la psique humana a través de la psicología profunda, la cábala, la astrología psicológica y otras fuentes como el *mindfulness* y la programación neurolingüística, ejerce como terapeuta analítico y conferenciante.

https://conalma.eu/blog/

https://www.facebook.com/manuelggsandoval/

https://www.linkedin.com/in/manuelgomezgsandoval/

MIGUEL ÁVILA

EL ESTADO DE FELICIDAD Y LA CAPACIDAD PARA INCREMENTARLA

En el año 2012, Jorge Benito vivía en Barcelona, compartiendo piso con dos grandes amigos y su perro, Thor. Su vida era cómoda y agradable, pero se sentía profundamente insatisfecho, sin dirección ni propósito, amargado. Jorge Benito estaba convencido de que la causa de su infelicidad estaba afuera, por lo que, si quería cambiar, debía modificar sus circunstancias externas. Con Cristian, su amigo, descubrió que existía algo llamado permacultura, disciplina dedicada al diseño ecológico de áreas capaces de sustentar a familias o comunidades, reciclando nutrientes y residuos y aprovechando la energía al máximo de bajo consumo. Ellos se dieron a la tarea de encontrar una granja lejos de Barcelona.

Escribieron correos por internet a granjas de permacultura en muchos países diferentes. El día de su cumpleaños, recibió un email de un lugar que les daba la bienvenida. Ese lugar estaba en el lago de Atitlán, en Guatemala, un paraíso terrenal. Era el lugar perfecto.

En junio de 2012, llegaron a su destino. Durante un par de semanas, Jorge Benito estaba como hechizado. Se despertaba cada mañana sin creer lo que estaba viviendo. Le fascinaba la naturaleza, la fauna, los colores, los aromas, los sonidos, la gente, la cultura, la espiritualidad maya, el regreso a lo simple, como si estuviera viviendo un sueño.

Pronto, Jorge Benito volvió a la misma negatividad, a sus quejas, lamentos, miedos y amarguras. Estaba en medio del paraíso, pero se sentía igual que cuando vivía en Barcelona. Una mañana, fueron a visitar la huerta de Chico, un hombre maya kaqchikel que vivía en una pequeña aldea junto al proyecto de permacultura. En la aldea, solo vivían diez familias. La casa de Chico estaba en pleno volcán Tolimán, a mitad de camino entre la base y la cima.

Chico le entregó un machete a cada uno y empezó una caminata de ensueño, de paisajes idílicos y una sensación de que el tiempo se había detenido. Todo lo que vivió en la civilización era una especie de recuerdo lejano, no obstante, sus quejas le acompañaban. Al atravesar los cafetales, se quejaba de que tenía que caminar semiagachado y era muy incómodo. Al ascender por el volcán se quejaba de que las telarañas se pegaban a su cara. Hacía mucho calor y estaba muy cansado. Chico se reía de sus ataques de ira.

Llegaron a la Huerta y miró a su alrededor. Lo que vio, le dejó sin palabras. La escena que tenía delante era semejante a lo que había imaginado cuando vivió en Barcelona. Soñaba con ese cambio de entorno y ahí se dio cuenta de que su sueño se había cumplido, pero estaba devastado por dentro. ¡Su mente estaba muy contaminada de negatividad! La capacidad de disfrutar la vida, el problema nunca estuvo afuera de él. Había estado dentro durante su vida. Se le acabaron los argumentos. Ya no había lugar al que ir. Su única opción era salir de tanto victimismo y hostilidad.

Ese fue el comienzo de un camino que le llevó a conquistar poco a poco esa libertad interior que tanto anhelaba. Subsistió dos años gracias a la caridad de su madre y de su amigo Cristian para que al menos pudiera comer. Se casó y a solo un mes de que naciera su hija, seguía sin trabajo, sin dinero y sin esperanza. Jorge Benito se cuestionó: «¿Sabes por qué me encontraba en una situación tan extrema a solo un mes de que naciera mi hija? Porque yo no estaba dispuesto a tomar responsabilidad por mi vida; seguía esperando que alguien apareciera, me rescatara y se ocupara de mí como siempre; que los demás me den lo que yo merezco porque yo he sufrido mucho en la vida; el universo ha sido tan injusto conmigo, que ahora tiene que reparar todo ese daño, regalándome abundancia y una vida cómoda».

Jorge Benito, en el volcán, tuvo que enfrentarse a su negatividad y a su debilidad. Antes de que naciera su hija había llegado la hora de despertar del sueño *hippie* y convertirse en una persona que se responsabilizara de su propia fragilidad, enfrentara sus miedos, soltara las distorsiones mentales, eliminara de una vez por todas toda la narrativa anticapitalista, antidinero, antirricos. Toda esa aparente rebeldía no era otra cosa que debilidad disfrazada de superioridad moral. En sus palabras: «Yo jugaba a ser una especie de héroe al servicio de los más necesitados, un azote de ese sistema que oprime a los más débiles. La realidad es que era un disfraz que me había puesto para no tener que responsabilizarme de mi vida. Estaba aterrorizado y, por eso, quería que me lo dieran todo, que fuera fácil y azucarado. No quería esforzarme, ni tener que enfrentar dificultades, pero había llegado el momento de dejar todo eso atrás y convertirme en quien yo sabía que podía llegar a ser».

Jorge Benito aceptó su primer empleo y fue todo un logro, debido a que los «antisistema», como él lo era, se definen por ser vagos, no quieren trabajar, quieren caridad, que alguien se ocupe de ellos (mamá y papá, el Estado, o quien sea). Él empezó a trabajar en una escuelita local y como su salario no le alcanzaba para cubrir sus gastos básicos, su esposa salía a vender pan a la calle. Él, al regresar de la escuela, creaba artesanías de madera que vendía a los turistas y estuvo así un año entero, un año en el que aprendió el valor del esfuerzo, el trabajo, la disciplina y la perseverancia. Realizó pequeños trabajos de diseño gráfico y algo cambió en él. Ya no buscaba que todo fuera fácil. Por fin se sintió capaz de enfrentar las dificultades de la vida.

En la actualidad, Jorge Benito ha fundado Mind Full Science, un proyecto que genera millones de reproducciones vía YouTube, y en esa etapa de su vida desarrolla habilidades que le permiten tener altos ingresos. Hoy vive en un nivel de abundancia que nunca hubiera imaginado, es *youtuber* y tiene su canal «Jorge Benito», enseña *copywriting*, *mindfulness*, oratoria, negociación y persuasión. Promueve un estilo de vida que incluye la meditación y el crecimiento personal, habla de dinero y prosperidad, argumentando que no son excluyentes.

En los últimos años se han realizado esfuerzos para medir el estado de felicidad, desde los promovidos por investigadores independientes, hasta los realizados por instituciones internacionales como la OCDE y los gobiernos de los países. La felicidad puede ser medida de una manera simple, o bien, atendiendo a varios indicadores que complementen de forma integral. La medición es: el Estado de bienestar.

Medir el estado de felicidad le permite al individuo conocer la base en la cual se encuentra y, en su caso, identificar el potencial de incrementarla. Como lo dijo Lord Kelvin: «Lo que no se define, no se puede medir. Lo que no se mide, no se puede mejorar. Lo que no se mejora, se degrada siempre».

Jorge Benito, desde su estadía en Barcelona, tomó conciencia de su estado de felicidad. Eso le permitió llegar a creer que las circunstancias externas definían su infelicidad. Él reconoce que tenía una contaminación mental: la negatividad, las quejas, los lamentos, los miedos, la amargura, el victimismo y la hostilidad, que formaban parte de su día a día y debió reconocerlas, a fin de cambiarlas.

Para Jorge Benito no fue suficiente un cambio radical de su entorno, sino que debió encontrar uno de los factores cruciales para la felicidad: hacerse responsable de su propia vida.

La cultura iberoamericana, influenciada por la interpretación de la religión, envuelve al individuo en un halo de sometimiento, imputando el resultado bueno o malo de la vida a otros (llámese Dios, padres, jefes, cónyuge, amigos, entorno, etcétera) y, solo cuando la persona recorre un camino de madurez, se dará cuenta de que las circunstancias externas (como lo son el país de nacimiento, la familia con la que creció, el intelecto que recibió, etcétera) no definen su vida , sino que debe hacerse responsable de sus acciones que podrían llevarle al éxito o al fracaso.

¿Hay rasgos en la vida de Jorge Benito que a algunas personas le son comunes? Las personas tienen un estado de felicidad, lo conozcan o no, pero lo importante es conocer que es posible elevarlo. Los estudios demuestran que si una persona se gana la lotería, su estado de felicidad subirá, pero al cabo de unos meses, regresará a su anterior estado. Así mismo ocurre con aquellas personas que sufrieron la amputación de una extremidad: su felicidad decaerá, pero con el paso de los meses recobrarán el estado anterior.

¿La felicidad se puede heredar? Es una pregunta que trata de responder Sonja Lyubomirsky, profesora estadounidense nacida en Rusia, que colabora en el Departamento de Psicología de la Universidad de California, Riverside. Asimismo, es autora de *La ciencia de la felicidad*, un libro de estrategias respaldadas por investigaciones científicas que se pueden utilizar para aumentar la felicidad. Ella enseña que el 50 por ciento del potencial que se tiene para ser feliz corresponde a la genética; el 40 por ciento, a la actitud; y el 10 por ciento, a las circunstancias.

Hay personas que pareciera que traen tatuada la sonrisa. Hay otras que, por cuyo ceño adusto, pareciera que no es posible cambiarlo. En una investigación publicada en el diario *Journal of Human Genetics*, se les preguntó a 2500 adultos, de entre veinte y treinta años, sobre el grado de satisfacción de sus vidas, encontrando que los más pesimistas tenían una versión corta y menos eficiente del gen 5-HTT. Este gen es un transportador de serotonina, un neurotransmisor vinculado con la regulación y control de las emociones y el estado de ánimo.

¿Cuánta felicidad tienes? Sonja Lyubomirsky, en su libro *La ciencia de la felicidad*, propone una escala de felicidad subjetiva con 4 preguntas que se deben responder en escala de 7 puntos. Se debe marcar en la escala el número que le parezca más adecuado, se puede resolver aquí:

1) En general, usted se considera:

Muy poco feliz — Muy feliz

2) En comparación con la mayoría de las personas semejantes, ¿cómo se considera usted?:

Menos feliz — Más feliz

3) La siguiente afirmación ¿qué grado de validez tiene? Algunas personas, en general, son más felices y disfrutan más de la vida que otras, pase lo que pase, aprovechándola al máximo:

En lo más mínimo — En gran medida

4) ¿Qué tan válida es la descripción? Algunas personas, en general, no son demasiado felices y, aunque no están deprimidas, nunca parecen tan contentas como podrían estarlo:

En gran medida — En lo más mínimo

El resultado se produce de sumar las cuatro calificaciones y dividirlo entre cuatro. La más alta calificación sería siete. Ella encontró que las personas que habían superado la edad universitaria tenían como media 5.6. Es decir, que si se está en esta condición y con una calificación inferior, es muy probable que sea menos feliz que la media, o lo que es lo mismo, ubicarse más feliz que la media, si lo superas.

Habiendo obtenido la calificación de felicidad subjetiva, se puede aprender, del ejemplo de Jorge Benito, que se debe poner la mejor intención al objetivo de mejorarla. La Real Academia Española (RAE) dice lo siguiente en su primera acepción de felicidad: «Estado de grata satisfacción espiritual y física». Esta definición se asemeja al concepto que se tiene en Occidente y que se define perfectamente en las películas: «Se casaron y fueron felices».

Como más adelante se verá, se debe comprender que la felicidad no es un estado permanente, sino una construcción que se genera a partir de pequeños momentos que ayudan a encontrar un disfrute, una alegría. En estos pequeños momentos, se debe aprender a identificar y después a ejecutar.

El triángulo de la felicidad

El siguiente triángulo ayudará a identificar los componentes de la felicidad.

Figura 1: el triángulo de la felicidad.
Fuente: elaboración propia

¿La persona se conoce? Las personas se deben conocer, ya que la identificación de los sentimientos y emociones que experimentan les posibilita su control. Sin embargo, las evidencias apuntan a que no es sino después de los cuarenta y cinco años cuando se comienza una búsqueda de mejora individual y, por ello, no es raro que los profesionales de la salud emocional tengan, dentro de sus pacientes, a personas entradas en años.

Mucho se cuestiona al respecto de por qué se está en esta vida. No obstante, desde que se nace, la lógica de lo que ocurre es aprendizaje y error. Desde que un niño gatea, se tropieza, aprende a caminar y, en su proceso, se caerá; le quitarán las ruedas a la bicicleta y se caerá; irá a la escuela y se estresará por el riesgo de no aprobar la materia (si no la aprobó, deberá esforzarse para que ocurra); etcétera. Siempre se está aprendiendo y las adversidades son y serán siempre una compañía. Si la persona se conoce, aprenderá a ser resiliente, podrá ponerles nombres a las emociones y logrará capitalizar sus sentimientos.

¿Se tiene claro qué produce la felicidad? La persona tiene que apuntar, en una hoja, veinticinco cosas que le guste hacer. Se debe realizar en menos de cinco minutos. Posteriormente, se deben marcar las actividades que se han realizado en los últimos quince días. El ejercicio fuerza a pensar en las actividades que le gustan y, por ende, le generan felicidad; también invita a reflexionar sobre las actividades que, haciéndole feliz, no realiza.

¿Construye los momentos? De la lista anterior, se deberá provocar la ejecución de cosas que se disfrutan, pero que no se realizan. El presente se debe construir. Por ejemplo: ¿se necesita dinero? ¿Se necesita un compañero o compañera para ejecutarla? ¿Se requiere tiempo?

¿Se aleja de lo tóxico de su entorno? Se toma otra hoja para apuntar veinticinco cosas que detesta realizar, así como las relaciones con personas que roban la paz. Se deben omitir las actividades que no le gusten a la persona, pero que forman parte de la responsabilidad. Por ejemplo: corregir a un hijo.

Una vez que se tenga la lista, se debe cuestionar: ¿qué se puede hacer para evitarlas, quitarlas, huir, o renunciar a ellas? Esto debería ayudar a tener en claro las cosas que roban la felicidad.

Entendiendo el triángulo de la felicidad, se puede avanzar con diez actividades que los expertos y la ciencia corroboran en pro de la felicidad:

Diez consejos para incrementar la felicidad

1. «¡Calma la mente!» es el primer consejo. Los primeros tres son consejos de Chade-Meng Chen, uno de los primeros colaboradores de Google, que convenció a su jefe de crear un curso llamado «Busca en tu interior». Esto impulsará la conciencia plena y ayudará a mejorar la inteligencia emocional e impulsar el bienestar. Se sabe que hay muchas formas de calmar el parloteo mental: meditando, contemplando, repitiendo una palabra poderosa que evite el pensar, concentrándose en un punto, observando la respiración, rezando, etcétera.

   La facultad de Medicina de la Universidad de Massachusetts reportó que la conciencia plena reduce la ansiedad. Otros estudios han encontrado que aquietar la mente contribuye a disminuir la depresión, la ansiedad y el estrés.

2. Llevar un registro de momentos alegres, o sea, apuntar los momentos de alegría, aun cuando estos sean efímeros. Meng sostiene que ser consciente de las cosas buenas que pasan podrá demostrar el balance positivo que la vida ofrece. Diversos estudios han intentado explotar este efecto. Ledrickson indica que se debe tener una proporción de tres momentos alegres por uno negativo para liberar la mente.

3. Desear felicidad a otras personas. Meng habla de la necesidad de mostrar compasión en la vida. Asimismo, los pensamientos y acciones altruistas benefician, ya que dar al prójimo provoca aún más felicidad que recibir. Ser generoso con algún necesitado, eliminar pensamientos negativos de otros, intentar cambiar la actitud al respecto del pesimismo y no olvidar nunca, o desear el bien al prójimo son cosas que se deben incorporar en la vida diaria.

4. Perseguir la felicidad. El economista Richard Layard, profesor de London School of Economics, fundó Action for Happiness (Acción para la felicidad), organización con más de 4500 miembros en más de sesenta países, que tienen como prioridad buscar la felicidad. Dice Layard: «La idea básica es que, si queremos una sociedad feliz, los individuos

han de tener esa meta como un propósito importante en su vida. Deben tratar de crear más felicidad».

5. Si un trabajo roba felicidad, hay que moverse. Tony Hsieh tenía claro lo que quería en la vida: ser rico. Luego de graduarse en Harvard, fundó LinkExchange, empresa de tecnología; y en menos de dos años, la vendió a Microsoft por 265 millones de dólares. «Mucha gente no sabe la verdadera razón por la que vendimos la empresa. La verdadera razón era simplemente porque ya no me hacía feliz», dijo Hsieh, años después.

   Hsieh entendió que no solo necesitaba el dinero para vivir. También quería ser feliz. Por lo que fundó Zappos, una empresa de venta de zapatos, con la que perseguiría ahora su sueño: ser feliz. Mientras estaba en LinkExchange, Hsieh odiaba levantarse cada día, pero ahora habría creado la empresa más feliz del mundo. Se sabe que una persona feliz es tres veces más creativa, así como más productiva.

6. Llegar a la quinta década de vida puede hacer feliz a la persona. Cuando Jonathan Rauch cayó en una crisis al inicio de sus cuarenta años, no lograba entender por qué se sentía así. Le iba bien en la vida, tenía una carrera exitosa como experto en políticas públicas, estaba en una relación estable, tenía buena salud y no le faltaba el dinero.

   Cuando descubrió las razones detrás de ese malestar, escribió un libro: *La curva de la felicidad: por qué la vida mejora después de los 50*. La ciencia ha podido descubrir que, en la medida en que nos hacemos mayores, el cerebro se vuelve más resistente al estrés; se tienen menos remordimientos; las personas se vuelven más positivas; emocionalmente, son menos volátiles y disfrutan más de los momentos.

7. Disfrutar el camino y no solo el destino. Paul Dolan, profesor de Ciencias del Comportamiento de la Universidad inglesa London School of Economics y autor del libro *Felicidad diseñada*, dice: «Cuando tomamos alguna decisión, podemos invertir mucho tiempo en relatar por qué tomamos esa decisión y por qué nos hace felices, en vez de concentrarnos en las experiencias que conforman ese proceso».

Paul dice que una vida feliz se consigue entre el equilibrio de experiencias placenteras y propósito. No solo se deben disfrutar las vacaciones, sino también el proceso de planearlas.

8. Tratar de vivir a 25 grados centígrados (77 Fahrenheit). Diversas universidades, como el Instituto Tecnológico de Massachusetts, la Universidad de San Diego y la Universidad de British Columbia en Canadá, estudiaron la temperatura ideal que nos hace sentirnos felices.

   Los resultados fueron publicados en la revista científica *Plos One*. Después de siete años, más de 2400 millones de mensajes de Facebook y más de 1100 millones de tuits se concluyó que las expresiones positivas durante el día no bajan de los 20 grados centígrados, pero tampoco suben de los 30, por lo que la medida perfecta son los 25 grados.

9. Elegir correctamente a las personas del entorno. Moran Cerf, profesor de neurociencia y negocios de la Universidad de Northwestern, Estados Unidos, por más de una década, investigó desde el punto de vista conductual, así como por medio de electroencefalogramas, que las ondas cerebrales de las personas que pasan mucho tiempo juntas comienzan a parecerse, y en algunos casos, pueden llegar a ser casi idénticas.

   A este alineamiento entre los dos cerebros se le conoce como «sincronía eléctrica». El tiempo que pasan juntos ven las mismas películas, leen los mismos libros y comparten experiencias, entonces comenzarán a mostrar patrones comunes a nivel lenguaje, emociones y hasta puntos de vista.

10. La gente que toma alcohol con moderación es más feliz que la gente que no toma en absoluto. De acuerdo con datos de diferentes partes del mundo, recopilados por la Base de Datos Mundial de la Felicidad, en Rotterdam, el secreto de la felicidad está en nuestras manos y no en los lugares en donde usualmente la buscamos.

El profesor emérito Ruut Veenhoven, director de dicha base de datos de la Universidad de Erasmus, encontró que beber con moderación alcohol provoca mayor felicidad en las personas, y es que la dopamina, el neurotransmisor conocido como la molécula de la felicidad, proporciona placer y relajación. No en balde, acompaña a Cupido en su labor amorosa. El alcohol tiene muchos efectos en el cerebro, pero está comprobado que puede elevar los niveles de dopamina entre un 40 por ciento y un 360 por ciento. Así que, ¡no se debe olvidar la copa de vino!

Todos tienen un estado de felicidad, sean consientes o no, y aprender que se puede elevar permitirá mejorar a través de las técnicas antes descritas. Se recomienda que se mida el estado de felicidad cada tres meses, en base a las recomendaciones del triángulo de la felicidad y que ayude a poder disfrutar ampliamente el resto de la vida.

MIGUEL ÁVILA

Licenciado en Informática y en Teología, cuenta con una Maestría en Administración, así como un grado de global MBA por la Escuela de Negocios de Barcelona en España. Conferencista en temas de tecnología, *marketing*, gestión humana, franquicias, ventas, *management*, desarrollo humano y teología.
Miguel Ávila es empresario en los ramos de Tecnología, Comunicaciones, Salud y en el sector franquicias como franquiciador del sector belleza, así como franquiciador en el emprendimiento infantil. Consultor empresarial, escritor de libros como el *Método de Lectura rápida Ávila*, diversos medios de comunicación como revistas, periódicos y televisoras locales y nacionales como el canal 4 de Televisa, Tv Azteca, así como la Cadena Internacional National Geographic, y la radio en Estados Unidos, Costa Rica y México, en estaciones como Radio Fórmula, Somprosa, Radiológico entre otras radiodifusoras, le han dedicado espacios para conocer sus opiniones. Miguel Ávila profesionalmente ha podido brindar sus conocimientos y asesorar a profesionales en países como Brasil, Colombia, Costa Rica, Corea, España y Rusia.

PACO RAGA

LA FELICIDAD EXPLICADA A TU CEREBRO

No tienes un cuerpo, eres un cuerpo

He dedicado parte de mi trabajo docente a la educación afectivo-sexual. Al tratar el asunto del derecho al disfrute del propio cuerpo, con frecuencia escucho decir: «Mi cuerpo es mío, puedo hacer con él lo que quiera». Yo suelo cuestionar esta afirmación con una pregunta: «Si tu cuerpo es tuyo, ¿quién eres tú?». Y es que, aun siendo conscientes de que el ser es un todo, muchas personas se *piensan a sí mismas* en términos de yo-y-mi-cuerpo. Empecemos por asumir que *no tenemos* un cuerpo, *somos* un cuerpo. Un cuerpo en el que moléculas, células, órganos, aparatos y sistemas interactúan de forma compleja. Se ha avanzado mucho en la comprensión de esas interacciones. Entre otros muchos hallazgos, la neurología y la endocrinología han descubierto cómo toda emoción hunde sus raíces en lo profundo de nuestro cerebro. Es decir, en nuestro cuerpo, ese que, al fin y al cabo, somos. Aquí trataremos de mostrar cómo, aunque este no es un manual de neurociencia; si quieres saber más, acude a lecturas especializadas. Si lo prefieres, sáltate (te aconsejo que lo hagas) lo que tengas claro y dirígete directamente a los puntos que más te interesen.

¿De verdad lo hemos entendido bien?

En esta época, ávida de novedad, estos descubrimientos se han divulgado a una alta velocidad social. Escuchamos a deportistas hablando de *endorfinas*; en foros de salud se comparten los beneficios de la masturbación y la liberación de *oxitocina*; leemos en una revista «La luz solar ayuda al cuerpo a liberar *serotonina*»; vemos un reportaje sobre cómo las redes sociales juegan con nuestros niveles de *dopamina*... Ya ni siquiera los nombres de estas substancias nos suenan raros.

La difusión masiva de la bioquímica de la felicidad nos ha dejado más vocabulario, no una sociedad más feliz. No hay que ir lejos para verlo. Hay jóvenes que pasan horas elaborando el relato de sus días, editando sus vidas para mostrarse «felices»; aunque mucha de esa felicidad sea fingida, pura pose sobre un escenario cambiante: la cubierta de un yate, una cala perdida, la terraza de moda... Paradójicamente, ese postureo con fondo croma puede alejarlos aún más de la ansiada felicidad, incluso hundirlos en una *depresión sonriente.*

Si de verdad hemos comprendido que la felicidad se sustenta en soportes neuronales, ¿por qué creemos que es algo que está fuera de nosotros? Dejémonos de romanticismos. Si somos un cuerpo, ¿dónde están los órganos de la felicidad? Si viene de fuera, ¿por dónde y cómo entra? Si está dentro, ¿dónde se genera y qué caminos sigue? Conozcamos el mapa de las principales vías por las que transita la felicidad. Aunque, no lo olvidemos, el mapa no es el territorio: no interpretes nada de lo que leas aquí como si fuesen consejos de salud mental; eso requiere atención individualizada por parte de personal cualificado.

Tenemos los ingredientes, la receta ya es otra cosa...

Conocemos los ingredientes bioquímicos de la felicidad, nadie tiene la receta. Además, la felicidad es como la salud: un atractivo horizonte, nunca una meta definitiva. *Está muy bien que quieras (ser) un cuerpo sano; quizá también quieras (ser) un cuerpo feliz.* Entiende que ambas cosas, salud y felicidad, pueden (y suelen) experimentar variaciones a lo largo del tiempo.

Aunque nuestro cuerpo es un todo integrado, para describir los mecanismos fisiológicos de la felicidad renunciaremos a un enfoque holístico. Conviene más, ahora, un análisis por partes que una síntesis del todo. Empecemos por los neurotransmisores y las áreas del cerebro por donde, gracias a las neuronas, atraviesan los impulsos nerviosos.

De la neurona a la complejidad de la mente

El tejido nervioso se compone de **neuronas** y **glías**. Las glías son células de soporte (*glia* significa pegamento) que mantienen a las neuronas en posición o las proveen de protección mecánica, nutrientes e inmunidad, aunque también participan en la transmisión de los impulsos nerviosos. En cuanto a las neuronas, se calcula que tenemos unos cien mil millones (100.000.000.000); un número fácil de recordar: diez elevado a once.

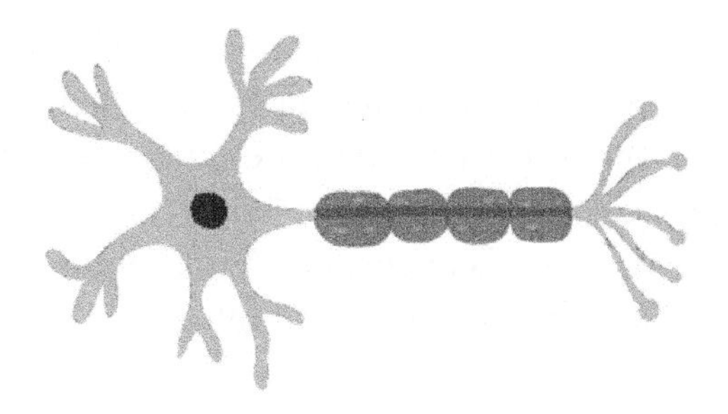

Figura 1: La típica neurona con el axón forrado por microglías (células de Schwan)

Fuente: Elaboración propia

Entre dos neuronas que se comunican hay un espacio conocido como **sinapsis**. Hay miles, cientos de miles de sinapsis por neurona. Multiplicadas por la cantidad de neuronas de nuestro cuerpo da una medida de su enorme capacidad de interconexión. Toda actividad mental, hasta la más sencilla, consiste en redes de neuronas que se conectan o desconectan. Sensaciones, recuerdos, emociones son los recorridos trazados por impulsos nerviosos que circulan por una red de neuronas, mientras que las de alrededor permanecen apagadas. Si yo puedo escribir esto (y alguien puede leerlo) es por esa razón.

Sin embargo, algo como la *conciencia* no puede explicarse de forma simple y mecanicista a golpe de neurotransmisores y sinapsis. Actualmente, la interacción entre neuronas se estudia como un fenómeno colectivo entre grupos o poblaciones de ellas. Esto implica tener en cuenta la complejidad, las capacidades de autoorganización de este tipo de células, la no linealidad de los procesos, la dinámica del caos, etc. De esta manera, las redes neuronales, con sus complejos patrones de actividad, darían lugar a *propiedades emergentes*. Es decir, a la aparición en *el todo* de propiedades que las partes no tienen por separado. Así, por ejemplo, ese conjunto de facultades que llamamos mente puede entenderse como una serie de propiedades emergentes generadas por las neuronas que las neuronas mismas no poseen.

Transmisión del impulso nervioso

El impulso nervioso es como la «ola» en un estadio de fútbol, una onda fluctuante, solo que lo que fluctúa es un potencial eléctrico (o sea, un voltaje). Igual que un circuito eléctrico se abre o cierra mediante interruptores, el impulso nervioso circula, o no, mediante variaciones en el voltaje en las neuronas. En la siguiente figura se ilustra esta dinámica, con sus cambios de voltaje.

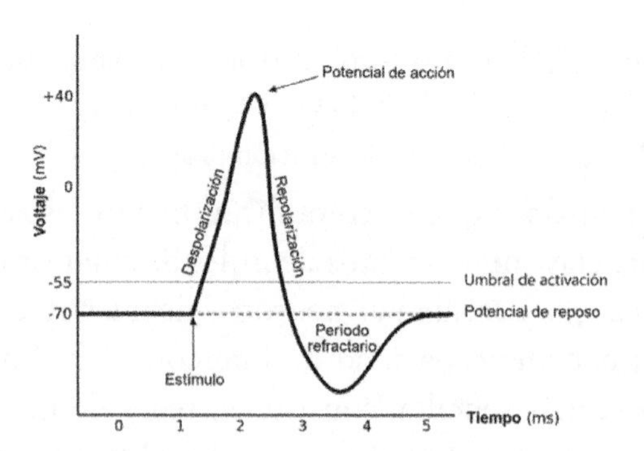

Figura 2: La verdadera «curva» de la felicidad (y de todo lo demás)
Fuente: Elaboración propia

Supongamos que una neurona está en reposo y le llegan diferentes señales. Algunas provocarán que se excite (señales excitadoras). Otras, por el contrario, tratarán de que no lo haga (señales inhibidoras). La neurona recibirá muchas, muchas señales y al final hará un balance entre excitación e inhibición. Si los *inputs* o entradas excitadoras «ganan» se producirá el estímulo que desencadene la onda. En caso contrario, se producirá la inhibición y la neurona se mostrará insensible a las señales excitadoras. ¿Cómo se transmiten las señales de excitación o inhibición?

Aprendimos en la escuela que las neuronas no se tocan las unas a las otras. Algo así como los dedos de Dios y Adán en el cuadro *La creación de Adán,* de Miguel Ángel, que casi, casi, llegan a tocarse. Ya lo dijo Santiago Ramón y Cajal: «Las neuronas no son continuas, sino contiguas». Si mirásemos la sinapsis con un microscopio veríamos una hendidura minúscula, una separación de unos 20 o 30 nanómetros entre neuronas. Ese es el escenario donde actúan los neurotransmisores.

Cuando una neurona es excitada experimenta una onda de fluctuación de su polaridad eléctrica, y libera sus neurotransmisores en el espacio sináptico. Cada tipo de neurotransmisor da su aviso químico a receptores específicos (sensibles a él) situados en la membrana de la siguiente neurona. Los receptores de serotonina (*receptores serotoninérgicos*) no serán, pues, los mismos que los de dopamina (*receptores dopaminérgicos*).

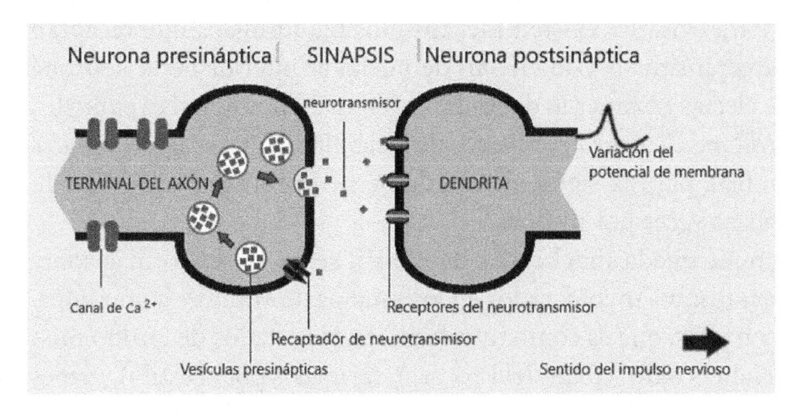

Figura 3: La sinapsis química, muy esquemática

Fuente: Elaboración propia

La *sinapsis química* es la más común, no la única. También existen las sinapsis eléctricas. En ellas, la separación entre neuronas es de solo tres nanómetros (diez veces menor que la de las sinapsis químicas). Además, las neuronas de la *sinapsis eléctrica* sí se tocan físicamente unas con otras mediante unos conductos o canales que permiten transferir cargas eléctricas entre ellas. Estos canales son rápidos y eficientes transmitiendo impulsos de forma bidireccional (y no de manera orientada, como lo hacen los neurotransmisores).

En resumen, las señales excitadoras o inhibidoras se traducen (o no) en impulsos nerviosos que recorren (o no) circuitos a través de redes neuronales concretas. Así funcionan el pensamiento, la memoria, los sueños o las fantasías. Y así es como, según por qué circuito transite el impulso nervioso, funcionan también los *sentimientos y* emociones como el miedo o la *felicidad*. Cada actividad de nuestra *vida interior* corresponde a un proceso y una ruta neuroquímica «observable».

Entendiendo la bioquímica de la felicidad

Un neurotransmisor vertido en el espacio sináptico se une a su receptor y así transmite su señal excitadora o inhibidora a la siguiente neurona, aunque después debe ser retirado. De no ser así, este testigo químico bloquearía (taponaría) sus propios receptores y el circuito neuronal sería de «un solo uso», como un reguero de pólvora. Para evitarlo, existen mecanismos bioquímicos que recaptan el neurotransmisor y lo envían de vuelta al interior de la neurona donde ciertas enzimas lo degradarán y desactivarán. Así es como los *recaptadores de neurotransmisor* despejan la sinapsis y la dejan operativa, lista para la siguiente oleada de neurotransmisores. Y todo esto varias veces por minuto.

Aunque queda mucho por descubrir, se va sabiendo más sobre los mecanismos involucrados en los estados de ánimo y cómo interferir con ellos; que es como interferir con los estados de ánimo mismos. Habrás oído hablar del Prozac (y fármacos por el estilo). ¿Sabes cómo actúan? Sabotean la recaptación de la serotonina. Eso es lo que hacen, en esencia: son *inhibidores selectivos de la recaptación de serotonina* (se les conoce por las siglas ISRS). Y claro, si quien tiene que quitar de en medio a la serotonina no lo hace, su concentración en el espacio sináptico se mantiene más alta. Habrás escuchado o leído que la depresión va acompañada de bajos niveles de serotonina. Pues bien, ya ves cómo esta estratagema química puede puentear un déficit de este neurotransmisor.

Por supuesto, otros antidepresivos actúan sobre otros neurotransmisores. Por ejemplo, los *inhibidores selectivos de la recaptación de dopamina* (ISRD) impiden la retirada de la dopamina al bloquear su recaptador. Así la dopamina permanece en el espacio sináptico más tiempo y en mayor cantidad, y los receptores dopaminérgicos se activan más intensamente. Eso regulariza muchas emociones, algunas incluso antagónicas, como la euforia, la ira, la adicción, el amor, el placer, etc. No obstante, mantener las neuronas bajo un continuo chaparrón de serotonina o dopamina puede tener efectos adversos: ansiedad, insomnio, fotofobia, visión borrosa, pérdida de la libido...

¿Por qué te hablo de fármacos contra la depresión para explicar la felicidad, la *auténtica felicidad?* Bueno, lo cierto es que cuando estos fármacos se utilizan contra la depresión (o el insomnio, el estrés postraumático, el trastorno obsesivo-compulsivo, y una larga lista de patologías) dan buenos resultados. Fíjate si los dan que se usan, incluso, como drogas recreativas. En otras palabras: funcionan. Este hecho nos habla, *per se*, del gran peso específico de la serotonina y la dopamina en el desarrollo de las emociones positivas. No son los únicos, también la oxitocina y las diferentes endorfinas reclaman su papel en todo esto. Objetivamente, no va desencaminado quien otorgue a los neurotransmisores un gran protagonismo en eso a lo que solemos llamar felicidad.

Los 4 jinetes de la felicidad
(aunque la lista sería bastante más larga)

A la serotonina la llaman la «hormona de la felicidad». No es un buen nombre. Primero porque no es una sola, sino diversas sustancias combinadas, las que regulan nuestro ánimo. Además, no es propiamente una hormona. Una hormona viaja a través del torrente sanguíneo y así llega a partes del cuerpo muy alejadas del lugar donde se secretó. Un neurotransmisor, en cambio, solo alcanza a las neuronas de su alrededor.

Teniendo claro que la serotonina no está sola en la misión de alegrarnos la vida, veamos, a grandes rasgos, qué hacen sus principales compañeras de misión.

Endorfinas: son diversas substancias las que reciben este nombre. Se ocupan de proporcionarnos sentimientos como la euforia. También nos ayudan a hacer más soportable el dolor y sobreponernos a los golpes de la vida. Se liberan con el deporte o con el sexo.

Dopamina: esta sí que es una hormona ya que también se vierte al torrente sanguíneo, no solo en las sinapsis (pertenece al grupo de las *catecolaminas,* igual que la *adrenalina*). Se relaciona con sentimientos como el amor, el deseo sexual o el placer. Tiene su reverso oscuro, ya que tiene un papel esencial en la *obsesión* y la *adicción* (el consumo de tabaco, alcohol o drogas produce la liberación de dopamina). La dopamina nos impulsa a repetir aquellas conductas que proporcionan satisfacción o placer.

Oxitocina: es un factor clave a la hora de establecer vínculos emocionales y relaciones de confianza (no en vano la llaman la «hormona de los abrazos»). Un reciente experimento ha demostrado cómo la oxitocina llega, incluso, a amansar a los leones. Se diría que estos neurotransmisores son pecados capitales hechos molécula. Descontrolados, nos pueden llevar a la perdición. Sin embargo, su acción, bien modulada por la serotonina, puede conducirnos al *summum* de la felicidad. Por eso, si una biomolécula merece el podio es la serotonina. Es imprescindible para sentirse feliz. Sus niveles aumentan ante hechos favorables, la realización, el logro, etc. Nos relaja y nos hace sentir realmente bien. ¿Qué es la serotonina?

La 5-hidroxitriptamina, aka *serotonina*: su nombre hace honor al lugar donde fue hallada, el plasma sanguíneo o *serum.* Allí se la aisló por primera vez, atribuyéndole una función vasoconstrictora (un aumento del tono vascular). Desde el punto de vista bioquímico fue identificada como la

5-hidroxitriptamina (la literatura especializada suele referirse a ella como la 5-HT). Interviene en muchas funciones, la mayoría vitales: regulación del apetito; formación de los huesos; regulación térmica. Rige los estados de ánimo, no solo el control del miedo y la ansiedad (represión del malestar), sino el verdadero bienestar emocional.

El sistema límbico y el córtex: por donde pasean las emociones

Ya hemos visto *cómo* fluye el impulso nervioso. Para entender una emoción como la felicidad, necesitamos conocer, además, por *dónde* fluye. Para facilitar la comprensión, usemos un sencillo modelo de cerebro como el usado por Daniel J. Siegel, médico y profesor clínico de psiquiatría en la Escuela de Medicina de la UCLA. Hagamos el ejercicio de construir ese modelo. Supón que tu antebrazo es la médula espinal. La palma de tu mano será el *tronco cerebral*, eso que se suele denominar *cerebro reptiliano* (la parte más primitiva del cerebro; responsable de reacciones atávicas como la huida, el ataque o el miedo). Tu dedo pulgar será el *sistema límbico*, el cerebro medio, que trabaja en estrecha colaboración con el tronco cerebral para construir nuestras emociones. Ahora dobla tu pulgar sobre la palma y cierra la mano sobre él. Los dedos que cubren el pulgar representan la *corteza cerebral*. La parte delantera de los dedos es la corteza prefrontal. En tu cabeza, está dentro del cráneo, detrás de las cejas y la frente. Esta región cerebral rige procesos cognitivos complejos, la toma de decisiones o la adecuación de nuestro comportamiento a lo socialmente aceptable. Bueno, pues ahí tienes tu puño convertido en un pequeño atlas 3D del cerebro. Tenlo a mano: te ayudará a entender mejor todo esto.

No hay acuerdo sobre cuál es el nivel de orden adecuado para explicar la felicidad. Hay quien se inclina por el nivel neuronal/sináptico; para otros, habría que indagar en niveles de organización superiores, como poblaciones o nubes de neuronas; algunos prefieren adoptar una perspectiva más global. Optemos por el nivel que optemos, los procesos cerebrales (como las emociones) se nos muestran objetivamente como fenómenos biológicos, químicos y eléctricos. Deben suceder en algún lugar concreto, o atravesar diversas regiones cerebrales.

En su día, uno de los aportes más reveladores fue el de James Papez. Este científico buscaba alguna interacción entre las estructuras nerviosas del *sistema límbico* involucradas en las emociones. Papez sostenía que estaban interconectadas y formaban un circuito. Años más tarde su teoría fue confirmada mediante experimentos realizados en macacos *rhesus* a los que se practicaba la extracción bilateral de una parte de los lóbulos temporales. Los monos que recibieron ese daño en su sistema límbico experimentaron cambios de comportamiento y se volvieron incapaces de evaluar riesgos ante situaciones adversas o peligrosas. Las estructuras estaban conectadas: el circuito existía. Por cierto, ahora se le llama *circuito de Papez*.

Así pues, las emociones involucran circuitos neuronales en los que algunas estructuras se activan y otras son inhibidas, simultáneamente. Por ejemplo, la alegría o la ira se producen por la excitación de diferentes regiones del sistema límbico. En cambio, el córtex produce el efecto contrario, racionalizando esas emociones. Podría parecer que el salto evolutivo que va del sistema límbico al córtex los hubiera convertido en antagonistas incompatibles. El primero lanza respuestas primarias, refuerza la búsqueda de situaciones placenteras, o nos hace reaccionar para evitar el dolor o el miedo. El segundo, calcula riesgos/beneficios (incluso sociales) y evalúa las consecuencias de nuestras acciones a largo plazo. En realidad, ambos son socios y colaboradores. Se necesitan mutuamente para gestionar las emociones. Para que el cerebro permita que la mente consciente nos informe de un estado emocional feliz es necesario que esos dos socios lleguen a cierta solución de compromiso. Uno, el córtex, que tiene grabado un peculiar significado de *felicidad* (puede ser distinto para cada persona) «auditará» si es eso lo que siente o solo algo de placer transitorio. El otro, el sistema límbico, deberá informar de que todo va bien, que hay bienestar y no se aprecian dolor, miedo, riesgos ni amenazas.

La felicidad es biología... y algo más

Claro y raso: la felicidad tiene un substrato biológico; intervienen en ella neurotransmisores y estructuras neuronales. Por fuerza debe tener base genética y estar sujeta a las leyes de la evolución. Surge entonces la pregunta: ¿si tan positiva es la felicidad, si es tan beneficiosa, por qué la selección natural no ha eliminado la infelicidad hace milenios? No hay una respuesta científica clara a esta cuestión, por tres motivos. Primero: no se sabe hasta qué punto la felicidad es un rasgo heredable. Los estudios al respecto sugieren grados de heredabilidad sumamente variables, de entre el 12 y el 90 por ciento (una variabilidad tan grande invalida cualquier cifra). Segundo: no se ha encontrado suficiente evidencia de que la felicidad realmente apareje un mejor estado de salud. Y tercero, por si lo anterior no fuera bastante, los estudios sobre la felicidad están sesgados por un factor clave: la *unidad* usada para medirla. Algunos trabajos miden el *bienestar subjetivo*. Esos estudios apuntan a una alta heredabilidad (del 70 al 90 por ciento). En cambio, los *análisis genéticos* de individuos no emparentados arrojan resultados diferentes (una heredabilidad de entre el 12 y el 18 por ciento). Es más, estudios recientes han desvelado que un gen que se cree asociado a la felicidad (el gen SLC6A4) no predice el nivel de felicidad de los sujetos que lo poseen.

Tal vez la genética aumente la probabilidad de algunas personas de ser más felices que otras, pero solo en cierto grado. Es muy posible que la clave de la felicidad se encuentre más en las complejas interacciones bio-psico-sociales que en los genes. La intersección de estas tres dimensiones humanas, se ha visto en incontables ocasiones, tiene un peso enorme en el desarrollo, el aprendizaje, la salud, la enfermedad y los estados de ánimo.

Si los factores genéticos tienen alguna importancia, aunque limitada, no ocurre lo mismo con nuestras circunstancias vitales y las experiencias vividas, junto con cierto grado de autocontrol. Estos factores pesan tanto o más que el ADN. Por eso hay que tener mucha cautela respecto a cualquier *determinismo biológico* en la especie humana. También a la hora de definir la felicidad solo como una emoción (al estilo de la alegría o el miedo). Si bien es cierto que en psicología se la suele describir como un «estado emocional», hay una larga tradición filosófica que la elevaría a un estatus más alto, como el que pueda tener la libertad. Incluso con connotaciones «espirituales» (*eu-daimonia*) y políticas, desde Epicuro a Montaigne. No caeremos en la trampa biologicista de creer que la infelicidad es un simple *desbalance químico* en el cerebro: es obvio que se puede tratar de eso, pero también de algo más.

Tengas o no una genética privilegiada, recuerda que eres un cuerpo y a través de él siempre podrás propiciar procesos que te hagan crecer en felicidad. Cuida tus relaciones sociales, come sano, equilibrado y variado (para sintetizar serotonina necesitarás un aminoácido llamado *triptófano*, investiga a partir de qué alimentos prefieres obtenerlo); descansa, duerme bien; haz ejercicio regularmente; huye del estrés; toma el sol y procura que en tu dieta no falte la vitamina D; y, sobre todo, rodéate de gente que te haga feliz y haz aquello que, de verdad, te haga feliz. Parece fácil, ¿verdad? Si te lo propones, lo es.

PACO RAGA

(Madrid, 1966) Lleva más de treinta años trabajando como docente en Escola Gavina, un centro de referencia en el mundo de la innovación educativa. Siempre ha buscado formas de comunicación clara y eficaz con sus alumnos. Es biólogo (especialista en biología animal, biología celular, genética y parasitología), profesor de Ciencias Naturales y autor de libros de texto (*Matraz, el trabajo en el laboratorio*) y de diversas obras teatrales. Le gusta leer para entender; por eso escribe para que se le entienda.

RAMÓN RODIL GAVALA

ÉXITO Y FELICIDAD

Nacer, llegar a este mundo, alumbrar una vida marca el inicio de la existencia. Un instante mágico y físico a la vez, que determina el punto de partida a una sucesión de hitos y metas que labran la personalidad de cada ser humano.

La supervivencia conlleva una responsabilidad con uno mismo, superar una carrera de avances que determinarán el nivel de éxito en la vida y en la sociedad.

¿A qué llamamos éxito? Según la Real Academia Española es «el fin de un asunto». Incluye también la acepción de «resultado feliz». En la definición académica es aceptado que conseguir un reto fijado trae como consecuencia la felicidad. ¿Es esto así?

El éxito y la edad

El concepto de éxito evoluciona a lo largo de la vida; cada edad lleva intrínsecamente unida una serie de retos desde los primeros instantes de la existencia.

Todos hemos tenido la posibilidad de ser testigos y descubrir la sonrisa cómplice, llena de satisfacción, de un niño al conseguir andar solo por primera vez sin apoyos y sin perder el equilibrio; es un ejemplo vivo de conseguir éxito y mostrar signos de alegría.

Durante nuestra existencia, y en paralelo al crecimiento en edad, se suceden nuevos retos que, de conseguirse, crean una cadena de éxitos. Veamos algunos como detalle ilustrativo.

EL ÉXITO Y LA EDAD

1	ANDAR SIN APOYO
3	CONTROL DE ESFÍNTERES
6	SALTAR LONGITUD SIN CAER
14	BESO EN LA BOCA
20	TENER SEXO
40	GANAR DINERO
55	CONSEGUIR SER REFERENTE PROFESIONAL

ETC.

Figura 1. El éxito y la edad
Fuente: Elaboración propia

Las edades reflejadas son aproximadas, cada persona tiene un ritmo evolutivo diferente determinado por su ambiente, oportunidades, mentalidad y personalidad.

Determinando el éxito en la edad nos encontramos que su concepto es circular y con el paso del tiempo muchos éxitos alcanzados en el pasado se convierten en nuevos retos de futuro.

El mismo éxito alcanzado con tres años puede repetirse setenta años después. Es lo que denomino el ciclo del éxito en la edad.

Salvando la visión humorística del argumento del ciclo, lo que la vida nos enseña es que lo conseguido con éxito en un pasado, al cambiar las habilidades, las fuerzas o las características de la vida, nos lo volvemos a encontrar.

Este argumento se lo escuché por primera vez, con un planteamiento similar, al conferenciante español Emilio Duró.

EL CICLO DEL ÉXITO

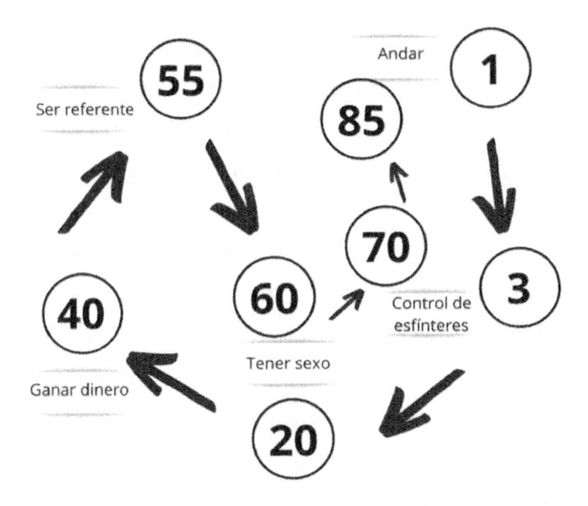

Figura 2: El ciclo del éxito
Fuente: Elaboración propia

El éxito y la personalidad externa dominante

La personalidad de cada individuo modula el número de retos a los que desea enfrentarse y su ansia por conseguir superarlos. Un individuo ambicioso se fijará objetivos que otros con menores deseos considerarán inalcanzables, un individuo con fuertes convicciones religiosas o morales deseará vivir en paz consigo mismo y con sus vecinos deseando alcanzar un nivel espiritual que le permita conseguir esto sin necesidad de generar una nueva ilusión.

De la misma manera, un individuo detallista, centrado en la exactitud, buscará alcanzar retos que le llenen de certidumbre olvidando los matices religiosos o espirituales para otras personalidades.

Simplificando mucho la personalidad humana, existen cuatro tipos de personalidades externas o cuatro maneras de expresar la personalidad. *Promotores, gerentes, técnicos y obreros.*

El promotor es un animador natural. Es la persona que de manera inconsciente vive en el futuro, visiona un mundo mejor y utiliza su capacidad de comunicación, motivación y seducción para convencer a los demás, para compartir su sueño. Su idea termina siendo la ilusión de todos. Por lo general, necesita a su lado personas organizadas que sean capaces de escalar su ambición, establecer metas intermedias, repartir esfuerzos, etc. El promotor sin un organizador saltará a por su siguiente reto sin esperar siquiera a que avance su penúltima visión. Aun así, difícilmente será testigo del éxito por cumplir el reto propuesto. Por naturaleza, una vez iniciado un nuevo proyecto tendrá una nueva visión y saltará a por una nueva ilusión diferente.

En estos casos, cuando contemplamos a una persona de este perfil, descubrimos que se siente insatisfecha al no sentir en su piel el culmen de sus propuestas. Su éxito será en diferido gracias al esfuerzo de otros sin llegar a sentirse partícipe de ello. ¿Cuándo sentirá éxito el promotor? En el reconocimiento al final de su carrera, echando la vista atrás. Vive en un continuo futuro prometedor que le impide disfrutar del presente.

El individuo promotor es inquieto, visionario, convincente, embaucador, seductor, sonriente, elegante, poco fiable y muy inconformista. El éxito esquiva al promotor toda vez que siempre le deja en el pasado.

El gerente es el eficaz, el organizador, el que cumple objetivos. Su misión es unir individuos con diferentes personalidades y construir un equipo que aglutine los esfuerzos comunes para conseguir el encargo encomendado, la misión. Un gerente prioriza, organiza los pasos a seguir, anima, asigna responsabilidades, distribuye tareas, ordena el calendario y sigue la evolución del proyecto hasta buen fin.

Estos individuos viven del éxito, convierten su vida en una sucesión de consecuciones, necesitan sentirlo de manera periódica, tienen adicción por alcanzar las metas. Agradecen contar con un promotor a su lado que les oriente y seduzca con un nuevo reto.

El individuo gerente es organizado, ordenado, insistente, exigente, pertinaz, fiel a la idea original, fiable e impaciente. Vivirá el éxito como algo fugaz, y una vez alcanzado buscará el siguiente reto. No disfruta del triunfo, lo saborea rápido y casi de inmediato se embarca en organizar el siguiente reto.

El técnico es el amante de los datos, el que necesita exactitud y precisión. Es el matemático, abogado, médico, arquitecto o ingeniero del equipo. 4,98 euros son 4,98, no 5. Nunca redondean, las cosas son como son. El técnico es el individuo que consigue alcanzar el reto precisando todos los componentes que sean medibles o conocidos; bajo la iluminación del promotor y la dirección del gerente, pondrá la certeza técnica, jurídica o moral en el equipo.

Estos individuos viven de la certeza, del conocimiento, la frase «creo que...» no es comprensible para un técnico. Las cosas son o no son. Se saben o no se conocen.

El individuo técnico es estricto, detallista, preciso, terco, inflexible, seguro y pausado. Vive el éxito como la certificación de que la experiencia ratifica sus planteamientos. Disfruta con pasión al comprobar que sus cálculos o estudios son exactos. No le pondrá fácil al gerente su tarea. Le cuesta comprender el porqué de las prisas, de los cambios de velocidad, el trabajo con urgencia e improvisación, el ánimo sin reflexión previa. Le costará ser flexible si carece de tiempo de reflexión y contraste de datos.

El obrero es el individuo que no se plantea los porqués ni los paraqués, su ilusión es hacer su trabajo bien. Su nivel de realización suele estar ajeno al objetivo marcado por el promotor, aunque celebrará, más que nadie, el éxito por su consecución. Vive una sucesión de microéxitos consistentes en el trabajo diario realizado.

El individuo obrero es compañero, trabajador, crítico, humilde y sencillo. Vive el éxito cada día de una manera solidaria por la satisfacción del trabajo realizado al final del proyecto. Es una alegría compartida tras haber alcanzado la meta de la que se siente orgulloso, conocedor del esfuerzo colectivo necesario.

Comparando las cuatro personalidades dominantes y su satisfacción al alcanzar el logro, podemos concluir que las personalidades más individuales, como la del promotor o la del técnico, valoran de manera tardía, efímera o banal el éxito, lo que les producirá menores dosis de felicidad que a las personalidades más sociables. En el caso del gerente, necesita apoyarse en el equipo formado, por lo general, por todo tipo de personalidades, sintiéndose, con orgullo, parte integrante del equipo. Estas dos últimas personalidades expresan más alegría por el logro conseguido.

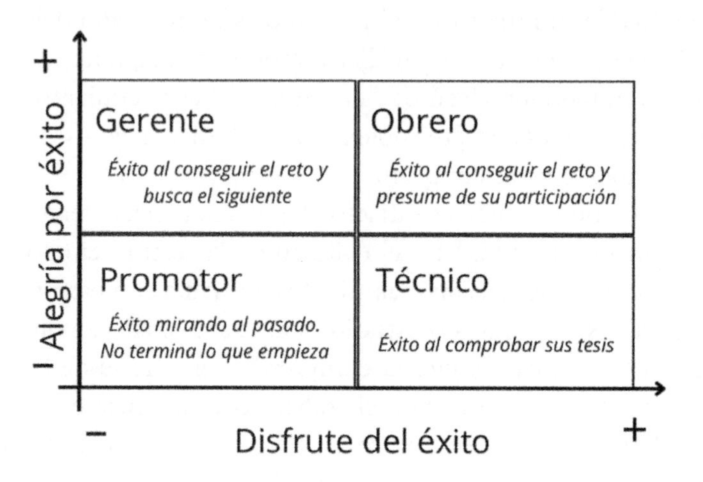

Figura 3: Disfrute del éxito
Fuente: Elaboración propia

La satisfacción por conseguir el éxito gana cuanto menor responsabilidad se tiene en la implicación global del proyecto. Los obreros y los técnicos disfrutan más por la parte de su implicación en el éxito global, siendo los perfiles más dirigentes los menos propensos a disfrutar del mismo.

El éxito y la personalidad interna o profunda

La personalidad interna o profunda la conforman los valores y el modo en el que influyen en el comportamiento del individuo. Me permito simplificar los tipos de personalidades internas a cuatro tipos básicos. Soy consciente de la complejidad de la personalidad humana que, por lo general, está formada por intersecciones de los tipos básicos. Para mí, existen cuatro tipos básicos de personalidad interna: espirituales, pragmáticos, sencillos y ambiciosos.

Un individuo *espiritual o religioso* es aquel al que los preceptos religiosos que dictan su fe le influyen de manera determinante para organizar su vida y las relaciones con los vecinos. No son necesariamente personas de culto (pastores, sacerdotes, monjas, etc.). Este tipo de personas encuentran el sentido a su existencia siguiendo las reglas fijadas por sus creencias hasta el punto de racionalizar todas las situaciones cotidianas bajo un prisma reglado por una deidad, un ser o por normas espirituales o religiosas. Su éxito consiste en vivir de acuerdo con sus creencias, es un tipo de éxito alejado de lo material y del reconocimiento social en su concepto amplio. Demuestran, por lo general, un tipo de felicidad pausada y bonancible.

Un individuo *pragmático* es aquel que consigue adaptar sus reacciones a las posibilidades que ofrece la realidad. Este tipo de personas encuentran sentido a su existencia consiguiendo sus metas de la manera más práctica y eficaz. Sin estar enfrentado a las creencias espirituales o religiosas es capaz de adaptar los preceptos flexibilizando sus límites por el bien de conseguir el fin ansiado. Su éxito consiste en conseguir el objetivo buscado que suele encadenar de manera eficaz. Y, una vez alcanzado, suele buscar el siguiente reto al que enfrentarse sin echarse atrás por el esfuerzo que le pueda requerir. Esta búsqueda incesante del siguiente objetivo le impide disfrutar de lo alcanzado y le retrasa la sensación de felicidad por la consecución.

Un individuo *sencillo o humilde* es aquel que de manera predominante se conforma con la vida que tiene, sin grandes deseos ni compromisos para organizar su vida. Todo le viene bien, incluso los reveses son vistos de una manera banal o despreocupada. En su simpleza es un individuo feliz, celebra el no tener que vanagloriarse de ningún reto por la ausencia de ellos. Se desposa con el primer individuo que se ponga a mano, se vestirá con la ropa que tenga sin preocuparse ni de modas ni de concordancias cromáticas. A su modo, es feliz con muy poco. Seguramente es la personalidad más feliz de todas porque no se exige nada.

Un individuo *ambicioso* siempre quiere más, tras alcanzar un reto inmediatamente se fija en el siguiente. Su meta es ser el mejor, el más rápido, el más rico, el más... Nada le parece suficiente. Entiende la vida como un estado de superación continua, una escalada de retos sin fin. No disfruta del éxito al considerarlo la rampa de salida del siguiente reto. Siempre se fija un objetivo nuevo nada más conseguir el anterior reto sin llegar a disfrutar de cada estación en su peregrinar vital. Al final de su vida personal, laboral o formativa echará la vista atrás y será en ese momento cuando sienta la felicidad, cuando valore lo conseguido en el pasado.

Éxito y el desarrollo profesional

La personalidad del individuo, sea esta dominante o latente, determinará los esfuerzos y las ganas por conseguir metas profesionales que, de alcanzarse, crearán un ambiente de felicidad. Cada personalidad fijará su objetivo profesional, de modo que, para algunos individuos, su profesión es un factor muy importante en su vida mientras otras personalidades encontrarán su satisfacción en otros aspectos quitando importancia a su perfil profesional.

Las ambiciones personales en el mundo profesional nacen en el interior de los individuos. Una persona de perfil gerente ambiciona alcanzar mayores niveles de responsabilidad, mayores retos, empresas más grandes, sectores más predominantes. Una persona de perfil promotor ambiciona nuevos retos hasta lanzar una meta que de conseguirse le permita dejar su impronta. Una persona de perfil obrero ambiciona profesionalmente tener un día más tranquilo o unas mejores condiciones laborales. Considera el día de mañana como otro día igual que terminará abandonado a la rutina. Y por último una persona de perfil técnico busca alcanzar el reconocimiento de sus colegas como el mejor y más fiable de su rama.

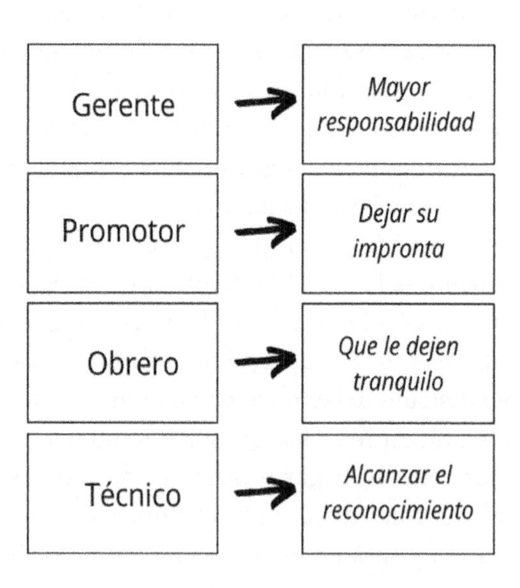

Figura 4: Objetivo por personalidad

Fuente: Elaboración propia

¿Cuánto dura la felicidad?

La Real Academia Española define en su diccionario la felicidad como: «el estado de grata satisfacción espiritual y física». Esta visión estima que para alcanzar este nivel no es posible ser feliz alcanzando solo una satisfacción física si no llena nuestras expectativas espirituales.

La condición humana, por lo general, vive en un estado de perpetua insatisfacción, continua curiosidad y necesidad de mejora. El ser humano ambiciona ser mejor, más fuerte, más sabio, más religioso, más, más. Hasta el individuo más complaciente ambiciona algo más: mayor tranquilidad, control de su vida, orden, etc.

La ambición general propia del ser humano produce un efecto en la alegría por conseguir una meta buscada y de inmediato le hace fijarse en un nuevo reto. En este caso, ¿la felicidad cuánto dura?

Una vida placentera navegando sobre las crestas de las olas con el orgullo de haber conseguido lo ambicionado parece que es una entelequia. La vida permite al ser humano disfrutar de breves e intensos momentos de felicidad.

La felicidad como resultado de conseguir el éxito es un sentimiento fuerte, intenso, un brote de emoción y euforia momentánea. El psiquiatra español Rafael Euba expresó que no estamos diseñados para ser felices, sino para sobrevivir y reproducirnos. Nuestra biología nos impulsa a sobrevivir y a perpetuar la especie; el ansia por ser feliz de manera prolongada es algo que nos hemos autoexigido casi como una ilusión.

Pensemos que conseguimos lo que más deseamos en la vida: un trabajo nuevo, una casa con vistas al mar, el amor de nuestra vida, un hijo, un premio de lotería, cualquier cosa. Una vez alcanzado, ¿nos garantizará ser felices el resto de nuestra vida?

Nuestro cuerpo genera una hormona de manera natural, la dopamina, una de las llamadas hormonas de la felicidad. Se trata de un neurotransmisor, presente en varias áreas del cerebro, que controla respuestas emocionales y también motoras. Liberando dopamina de modo natural, el cerebro provoca sensaciones muy gratificantes emocional y físicamente, lo que nos vuelve a la definición de felicidad disponible en el diccionario.

Una escasez de producción de dopamina puede ser la causa de enfermedades como el parkinson y un exceso de producción de esta hormona puede provocar manías o alucinaciones e incluso esquizofrenia. La liberación de esta hormona en el momento equivocado puede afectar a la percepción de la realidad exagerando la importancia que tienen hechos insignificantes.

Como tantas cosas en la vida, tanto el exceso como la escasez pueden ser un problema. Y con esta hormona ocurre lo mismo. El cerebro valora el momento que cumple los requisitos para liberar el neurotransmisor que produce ese bienestar tan buscado. Su propio placer es adictivo y nos impulsa a repetir. Esta es la razón por la que buscamos un nuevo objetivo que cumplir.

Los amantes, tras disfrutar de una sesión de sexo no se verán satisfechos de por vida con esa sesión, y tras un periodo de tiempo variable, volverán a buscar repetir ese momento. Las sensaciones provocadas por la dopamina en nuestro cuerpo y mente nos seducen para volver a sentirlas.

Disfrutemos de los instantes de abrupta alegría una vez alcanzado nuestro objetivo. Durará unos minutos, incluso unas horas. ¿Y después?

Valoremos los escasos momentos felices de verdad, nos alimentarán para esforzarnos por conseguir el siguiente reto que nos fijemos en la existencia.

Entonces, si la felicidad continua nos está vedada, si no existe la felicidad tal y como la tenemos idealizada, si solo es una ilusión, ¿cómo ser feliz?

Depende de la personalidad de cada individuo y de la manera a la que se enfrenta a la vida. La probabilidad de encontrar la felicidad se incrementa si se lucha por vivir una vida deseada, si se desea ser feliz y si se elige vivir de acuerdo con ello, si se eligen relaciones con personas que comparten los mismos objetivos, si se disfruta del presente, si se mantiene actividad física recurrente, si se encuentran oportunidades para ser generoso y sobre todo si se cambia el paradigma tal y como dijo Albert Schweitzer, médico, filósofo y Premio Novel de la Paz en 1952: «El éxito no es la clave de la felicidad. La felicidad es la clave del éxito. Si amas lo que estás haciendo, entonces serás exitoso».

En este artículo hemos visto la percepción de felicidad que provoca conseguir una meta y también cómo la biología nos obliga, casi automáticamente, a buscar otra para conseguir liberar de nuevo dopamina que nos llene de esa sensación de plenitud. Ese camino de búsqueda continua de objetivos es francamente agotador y poco recompensado. ¿Y si desaparece todo por lo que hemos luchado? Esa casa, ese dinero, ese automóvil, ese ascenso laboral, etc. En el fondo son cosas efímeras que están muy bien pero no son el soporte de nuestra existencia.

El planteamiento definitivo es el inverso. Las personas que se sienten felices tienden a hacer las cosas de manera optimista, más decidida y con mayor confianza en sí mismos. Además, las personas que les rodean los verán más alegres, confiables y atractivos, lo que los animará a estar cerca de ellas acrecentando las posibilidades de conseguir un buen negocio, una buena relación o un ascenso.

Vivir el presente, de acuerdo con los valores de cada uno, rodeado de gente positiva, dedicando tiempo al deporte y al altruismo, en definitiva, satisfecho con uno mismo, construye las bases de una existencia plena y hace que el éxito llegue de una manera mucho más fácil. La felicidad se alcanza como consecuencia de una existencia positiva, no como resultado de una búsqueda intencionada. Sin una buena base, ansiar la felicidad puede provocar frustración porque la felicidad no viene sola ni depende de la suerte.

¿Y la dopamina? Con una existencia sana y respetando valores, los momentos exitosos llegan de manera más frecuente multiplicando las oportunidades de liberar este neurotransmisor que nos alimenta el espíritu. Recuerda el ejemplo de los amantes, repetirán con frecuencia el contacto y en esa reiteración se sentirán felices.

La felicidad no es un objetivo, sino una consecuencia.

RAMÓN RODIL GAVALA
@rrodilgavalaescritor

(Madrid, 1965). Empleado de banca prejubilado, economista, escritor, bloguero y últimamente estrenándose como *youtuber.* Autor de una novela contemporánea (*La última cena*) y otra en proceso de publicación, además de un libro de texto de economía (*Apuntes de economía*) y tres libros de relatos (*El palomar, Primera vez* y *Cuéntame algo, Ramón*). Alimenta semanalmente su exitoso blog: www.cuentamealgoramon.com, que cuenta con más de 125.000 entradas, con relatos y cuentos. Ejerce como profesor voluntario de alumnos con discapacidad intelectual, cocinero ocasional, abonado del Atlético de Madrid, jugador de golf, observador, inquieto, sonriente y feliz.

Blog: https://www.cuentamealgoramon.com

Facebook: https://www.facebook.com/Ramon-RodilGavalaEscritor/?ref=py_c

LinkedIn: https://www.linkedin.com/in/ramonrodilgavala-escritor/

Twitter: https://twitter.com/RamonRodilG

YouTube: Apuntes de economía
https://www.youtube.com/channel/UCHivqnUuW9aQTgHCrlP2luA

Página de autor: https://www.amazon.com/-/e/B08CPPSSWC

SANTIAGO PULECIO BRAVO

LA FELICIDAD, UNA MIRADA CINEMATOGRÁFICA

La felicidad es como tu sombra.

En días soleados sale a pasear contigo, la puedes ver dibujada en el suelo, precisa y armónica.

En días oscuros, no se deja ver, busca escondite, no te pone la cara.

Así como el sol se desvanece y nos deja la noche, la felicidad tiene su ciclo, sale por un rato y luego desaparece.

Seguro te han dicho: «Quiero que brilles, que te veas feliz, que sonrías a la cámara». Puedes estar desgarrado por dentro, pero te toca decirle a tu cara que dibuje una farsa para la foto.

Luego sales en redes sociales y surgen decenas de comentarios ajenos a la realidad. Ochenta y cinco *likes* y unas veinte reacciones bastan para que el mundo decrete que estás feliz.

Muchos de nosotros, cuando estamos sumidos en la desolación, publicamos fotos de extrema felicidad. Nos mentimos un poco, creamos máscaras, cortinas de humo para evitar el rechazo del mundo.

El que publique su infelicidad, seguramente será olvidado y bloqueado de inmediato. A menos que sepa manejar su desgracia con cierta superficialidad, ironía y buen humor.

La gran mayoría de los seres humanos somos consumidores ansiosos de felicidad, así no sea real ni natural. No solo consumimos «comida chatarra», también consumimos «felicidad chatarra».

Hace cuarenta años solo existían dos pantallas para consumir felicidad.

Una pantalla pequeña llamada televisión y otra grandísima llamada cine, que es y siempre será mi adoración. Ambas tenían en aquella época un aire encantador y eran menos devastadoras que las pantallas sociales que inundan hoy al planeta Tierra.

En esos años la televisión era solo de dos colores: blanco y negro. No me perdía las series de la época, sentado al lado de mi abuela Inesita y el tío Alejandro.

Yo era hijo de padres separados, dentro de mí había un gran vacío. Padre ausente con apariciones ocasionales. Madre alternando su trabajo en la Biblioteca Luis Ángel Arango con el cuidado de su pequeño hijo. Mi abuela y mis tíos reemplazaron al enigmático papá y pasaban temporadas largas conmigo.

En las tardes, después de acompañar a la abuela a la iglesia y a la tienda, nos sentábamos a ver dichosos la televisión.

Encendíamos el mágico televisor Phillips y aparecían de repente: *El Gordo y el Flaco* o *Los Tres Chiflados*, series americanas diseñadas para no parar de reírse. Sabemos que la risa es a veces un placebo que nos acerca a la felicidad.

La televisión y el cine de Norteamérica invadían nuestras pantallas. Programas de TV entrañables, películas de cine icónicas.

Comedias, dramas, series policiacas, *western*, musicales, adaptaciones literarias. Todas diseñadas para emocionar y divertir a las audiencias.

Así no seas un héroe, un justiciero o un millonario. Así no seas *Thelma, Louise, James Bond*, la *Femme Nikita o Nairobi*. Así no seas *Rápido y Furioso* o uno de los *Tres Mosqueteros*, vas al cine para constatar lo que se siente ser protagonista de una historia.

Vas en busca de cierta felicidad efímera, por cierto muy intensa: una sensación que inexplicablemente se queda para siempre dentro de ti.

A mediados de los años setenta se estrenó en la televisión de Colombia la serie *Columbo*, la historia de un investigador lento y sin afanes, que andaba por las calles de Los Ángeles en su Peugeot 403 Cabriolet destartalado.

Columbo, interpretado por Peter Falk, se hizo querer por las audiencias del mundo entero con su larga gabardina y su rostro siempre amable. Es un hombre aparentemente débil, un antihéroe. Se muestra siempre ingenuo, despistado. Espera con serenidad a que el culpable se equivoque y omita un mínimo detalle. Logra vencer con inteligencia a los asesinos.

Con *Columbo* vemos triunfar al hombre común, sin armas, sin músculos, el más sencillo de los seres humanos. Una serie icónica con finales felices sin artificios, sin pretensiones.

En la historia del cine hay múltiples películas que cuentan la historia de los buenos venciendo a los malos. Historias en las que los protagonistas van en busca de venganza o redención.

Imposible pasar por alto la saga de James Bond, el agente británico 007, que aún hoy llena salas de cine.

Ian Fleming, el creador del Agente 007, se basó en un personaje real llamado Dusko Popov, un triple agente serbio al que muy particularmente le gustaban las orgías y cuya especialidad eran las especies de aves del Caribe. Era ornitólogo de profesión.

En mayo de 1941 Fleming, que era funcionario de la inteligencia naval británica, viajó a Portugal y se alojó en el Hotel Palacio Estoril, en la habitación contigua a la de Popov. Allí logró conocerlo más a fondo. Descubrió que era un hombre rico, que disfrutaba la vida entre lujos, apostaba grandes sumas en casinos, conducía autos compactos y solía tener dos o tres amantes simultáneas.

Bien dicen que la realidad supera a la ficción. Bond, el espía, el aventurero, el mujeriego, el invencible, no es fruto de la imaginación de Fleming. Lo cierto es que Popov fue su compañero de trabajo y su cómplice en la escritura de varias películas de la saga.

Bond representa la sutileza británica, cierta elegancia para matar y para amar. La misión del agente siempre es proteger al mundo de quienes lo quieren destruir, un cliché. Sin embargo, nos deja un mensaje claro sobre la felicidad: nos aconseja dedicarnos a lo que más nos gusta, así sea muy arriesgado, así la vida esté en juego.

Una vez vencido el enemigo, podremos abrir una champaña y entregarnos al deleite sensual del amor. Leon de Greiff, gran poeta colombiano escribió: «Juego mi vida, cambio mi vida. De todos modos la llevo perdida».

En los dramas cinematográficos suele llegar la redención, la recuperación de lo perdido. Esto sucede de manera casi mágica, a veces sobrenatural; para que todos volvamos a respirar, para que sigamos creyendo que se puede vivir felizmente en este mundo.

La mayoría de las personas creen que el amor es el motor de la felicidad. Por eso se hacen tantos romances para el cine, las plataformas y la televisión.

El cine es lo que los humanos queremos ver de nosotros mismos. Quizás es un tubo de escape o un espejo mágico que nos muestra lo que somos o lo que podríamos ser.

El amor en la mente de las personas es una película. Empieza con un gran reto, vienen después los giros inesperados, algo de sufrimiento. Preferiblemente debe terminar con un largo beso y la palabra Fin, escrita en letras blancas sobre fondo negro.

Muchas personas han soñado con despertar en Venecia, al lado de su pareja, los dos casi desnudos desayunando con vista al Canal Grande, viendo pasar las góndolas. Es una ilusión que pocos hacen realidad, pero que millones de personas ya codificaron como un momento de felicidad gracias al cine.

La Muerte en Venecia, obra original de Thomas Mann, llevada al cine por Luchino Visconti, cuenta la historia de un compositor que trata de recuperarse de la depresión en un hotel de la Isla del Lido de Venecia.

Allí en la playa, mientras lee, el maestro Aschenbach ve por primera vez a un joven polaco llamado Tadzio. Día tras día baja a buscarlo y observarlo. Es un muchacho andrógino, con ciertos rasgos femeninos, muy bello, angelical.

Una epidemia ataca la isla y todos deben abandonarla. El compositor por alguna razón no puede emprender camino y se queda en el hotel. Siente el alivio de volver a ver a Tadzio.

Pocos días después Tadzio abandona el hotel con su familia y el viejo no logra contener el llanto. En la última escena de la película, Aschenbach baja a la playa, le parece ver a Tadzio jugando con un amigo en la arena. Es tan solo un recuerdo que lentamente le causa un orgasmo. Segundos después el compositor muere.

Una historia conmovedora, sobre ese último instante de felicidad antes de la muerte.

Las historias de amor siguen siendo la transversal dramática de casi todos los géneros cinematográficos.

Aun en las películas de acción, guerra, misterio o terror, los escritores suelen montar una historia de amor imposible para que el espectador no se despegue de la pantalla.

Lo vemos en *Breakheart*, una película histórica sobre la invasión de los ingleses a los irlandeses en la que Mel Gibson, interpreta a William Wallace, el famoso irlandés que con un coraje infinito se enfrentó a las tropas del rey de Inglaterra en la vida real.

La gran motivación de este guerrero es el amor: una mujer que lo ama desde niño y lo está esperando.

Para hacer más aguda y tensionante la historia, los ingleses matan a esa bella mujer con la que él se había casado a escondidas. Esto desata en Wallace una furia inusitada, una sed de venganza por su pueblo y por su amada.

Sucede algo extraño al ver este tipo de historias. Apenas nos muestran un campo con centenares de ingleses muertos, sentimos la tan esperada redención, la justicia. Pensamos quizás que es lo mínimo que se le puede otorgar a un hombre que ha tenido que renunciar a una vida sencilla y feliz al lado de su esposa en los fríos bosques de Irlanda.

En la clásica *Romeo y Julieta*, la de Shakespeare y la de múltiples adaptaciones para cine y teatro, hay felicidad alcanzada a través de la muerte. Los enamorados prefieren quitarse la vida a que los separen.

En *El Piano* (1993) de Jane Campion, es el silencio el que une a la pareja. El silencio: nada más expresivo y bello. A mi juicio, quien logra convivir, amar y ser feliz en el silencio, está muy cerca de la plenitud.

En *Sentido y Sensibilidad* (1995) vemos que nunca es tarde para enmendar un error, y que el amor y la felicidad suelen esperar si uno sale a buscarlos de nuevo.

En *Orgullo y Prejuicio* (2005), un clásico de la literatura y también del cine, vemos cómo la sociedad tiende trampas para alejarnos de nuestros verdaderos sentimientos. Será feliz quien se libere de ataduras, egos y apariencias.

Los Puentes de Madison (1995), protagonizada por Meryl Streep y Clint Eastwood, trata de un amor prohibido entre un ama de casa promedio de Estados Unidos y un forastero. La historia nos muestra que los únicos instantes de verdadera felicidad de la mujer se dieron en esos pocos días de romance. Así es la vida.

En *Amsterdam* (2021), una serie mexicana que está hoy al aire, vemos a una pareja de jóvenes a punto de separarse, caminando sobre la cuerda floja. Será un perrito llamado Amsterdam el que los haga tomar conciencia de lo que tienen y de lo felices que pueden ser.

En *La Peor persona del Mundo* (2022), de Joachim Trier, estreno pospandemia, vemos a Julie, una mujer de veintinueve años desubicada e insegura que trata de huir de una mala relación con su padre. Julie busca la felicidad en hombres muy disímiles y no encuentra el camino con ninguno. Sin embargo aprende algo muy bello: aprende a detener el tiempo para reflexionar y buscar lo que realmente la hace feliz.

La felicidad es solamente una receta.

Hay algunas recetas mágicas. Cada cultura diseña a la medida sus propios dramas, su aproximación a la felicidad.

La receta italiana de la felicidad siempre incluye una buena pasta y bastante erotismo. No hay censura, las locaciones son tan bellas que la trama se olvida. Italia, desde la época del Imperio romano, ha sabido construir la felicidad a través del deleite y el placer, preponderando el sabor y la belleza de la vida.

Para el italiano la felicidad es *il dolce far niente* (la dulzura de no hacer nada) el goce de relajarse, comer bien, amar, hacer buenos negocios.

Recordemos la película de Roberto Benigni, *La vita é bella*.

En medio del horror de un campo de concentración alemán, un judío italiano se inventa toda clase de juegos para hacer reír a su pequeño hijo, al cual mantiene oculto en la habitación. Al final solo se salva el niño.

Todos la hemos visto, casi todos. Y hemos llorado y reído al mismo tiempo, hemos sentido el dolor y también el agradecimiento con este personaje fantástico que nos demuestra que la felicidad se puede llevar a todas partes, incluso al mismo campo de batalla.

La receta francesa dramática suele estar cargada de angustia intelectual, reclamo y revolución. Pero al final los protagonistas se unen entre sábanas simples y existencialismo.

La receta francesa cómica se burla de la policía y de los políticos y de los aristócratas. Reivindica el derecho a no ser nadie ni tener que serlo. Eso sí, los protagonistas siempre terminan besándose con la torre Eiffel al fondo.

La receta española es siempre delirante y colorida. Brillan los cuerpos de los amantes, el malo es el más malo, el deforme es el más deforme, la voluptuosa es insuperable. Hay cierta poética inspiradora. Al final llega la felicidad, pero ya está, tampoco es que la celebren mucho.

La receta creada en Nueva York puede traerte el humor irónico de Woody Allen o la capacidad narrativa de Martin Scorsese.

Vamos a detenernos en *El Padrino*, interpretado por Marlon Brando y dirigido por Francis Ford Coppola. La historia de esta película nos habla de un hombre que desde muy joven lideró la mafia italiana en Nueva York.

Don Corleone, como le llamaban sus amigos, tuvo que matar a algunos gángsteres, pues no tenían la suficiente ética para ser mafiosos honorables. Le enseñó a sus hijos el negocio y trató de inculcarles el respeto por la familia. A pesar de las amenazas de muerte de sus enemigos y de las balas que alcanzaron su cuerpo en un atentado, fue un hombre feliz. Siempre protegió a su familia, honró a su mujer, nunca le falló a nadie. Jugó siempre con fuego, estuvo muy cerca de la muerte, pero fue feliz. Según la lógica del hampa, debió morir asesinado. ¡Pero no! La vida lo compensó por sus buenas acciones y sus principios. Murió en el jardín de su casa, lo venció un infarto. Cayó rodeado de flores coloridas, mientras jugaba a las escondidas con uno de sus pequeños nietos.

La felicidad llega como un premio, como un reconocimiento a las buenas acciones de una persona, aun si se trata de un delincuente como el Padrino.

Las películas enseñan mucho sobre la vida y han enriquecido nuestra concepción sobre la felicidad.

Yo creo que la felicidad es relativa a las expectativas de cada persona.

Todos tenemos nuestra historia personal. Vamos al cine para presenciar otra historia diferente a la nuestra.

Buscamos identificarnos. Vernos reflejados en un personaje u otro.

¿Qué trae una película, qué le deja al corazón o al cerebro, qué nos hace sentir, hacia dónde nos transporta, cómo penetra en la conciencia, cómo logra una transformación pasajera en las personas?

Hay demasiados géneros y miles de películas.

Una de las más bellas ofrendas de mi abuela fue llevarme a cine, lo hacía con un gran entusiasmo. Vimos tantas películas, algunas las repetimos varias veces.

Imaginen por un momento a una abuela en sastre y taconcitos llevando al nieto a ver siete veces la película *Robin Hood.*

No olvidaré esa maravillosa película dirigida por Wolfang Reitherman que cuenta la historia del héroe de Nottingham de manera muy particular: sus protagonistas son animales. Robin es un zorro y roba a los ricos para darle a los pobres. Roba al príncipe, un león sin melena delirante y mentiroso, un opresor que había despojado a su pueblo de todo derecho y pertenencias.

Desde muy niños desarrollamos un sentido de la justicia y disfrutamos las gestas de quienes luchan por conseguirla. Robin más que monedas de oro robaba felicidad y luego la repartía en fiestas a la gente común.

No hay nada más refrescante que el equilibrio, la reivindicación de lo humano, por encima de la obsesión por el poder y el dinero.

No es feliz quien ostenta el oro, es feliz quien le asigna su verdadero valor a lo largo de la vida.

En los años setenta, el cine expresa el escepticismo de un mundo que, después de dos guerras, sigue con las heridas abiertas. La juventud está desbocada y plantea todo clase de revoluciones para tratar de quitarse de encima el peso de la historia y encaminarse hacia otro concepto de felicidad.

Surge el movimiento *hippie*, el sexo sale de su madriguera, la poesía renuncia a las formas, la música encuentra la libertad.

Yo crecí en medio de fiestas de *hippies* que hablaban de literatura y hacían cine con cámaras super-8. La marihuana era el pasabocas de la producción. A mí me parecía una hierba muy amable, su color y su olor eran muy pop. Solía tomarla con mis manos y masajearla, imitando a los locos amigos de mi papá, que me consideraban parte de su equipo de producción.

Muchos años después vi una película que retrata muy bien la crisis social de aquella época: *La Naranja Mecánica*, basada en la novela de Anthony Burgess, dirigida por el inalcanzable Stanley Kubrick y con la dirección de fotografía de John Alcott.

Por primera vez en la historia del cine, la violencia de la psiquis humana aparece en pantalla. Sin moralismos ni compromisos con ningún establecimiento, Kubrick nos conduce al mundo de Alex y sus «drugos», nombre que les dio el director a los drogadictos amigos del protagonista.

Se ven violaciones, agresiones y todo tipo de violencia, mientras suena Ludwig Van Beethoven.

Inolvidable la parodia de Gene Kelly, con Alex cantando «Singing in the Rain» mientras abusa de una mujer millonaria. Imposible olvidar el falo gigante de cerámica con el que mata a una mujer rodeada de gatos, hecho que lo termina llevando a la cárcel.

Kubrick relata la tortura a la que someten al joven descarriado. Le hacen ver imágenes de torturas y lo electrocutan al mismo tiempo, para generar un condicionamiento psiquiátrico. No se sabe quién está más enfermo, si Alex o el Gobierno, que cree que podrá hacer más feliz a la sociedad torturando a los jóvenes desviados y aparentando la armonía.

Esta película sirvió precisamente de electrochoque para que las sociedades modernas se dieran cuenta de su desidia y su insensibilidad. Alex es el resultado de la total descomposición: padres que preferían no responsabilizarse de sus hijos, gobiernos capaces de envenenar a la juventud rebelde en vez de canalizar su confusión, oscurantismo religioso al máximo nivel.

Si bien es una obra maestra del cine, esta película nos hace pensar que nuestra felicidad no puede depender de la sociedad en la que vivimos, pues a todas luces los gobiernos han llegado a la máxima decadencia ética. Cincuenta años después de la *Naranja Mecánica*, el panorama es oscuro, y aún más en los países subdesarrollados.

La felicidad depende de la persona, del trabajo que se tiene que hacer en el hogar, del rincón que se busque en la geografía para poder crecer con equilibrio y sanamente.

Es ideal mantenerse lo más lejos posible de la decadencia que supone el poder y la obsesión por el dinero, entre otras desviaciones mentales del mundo.

La felicidad en la niñez es casi siempre una anticipación de lo que será el resto de la vida. Van las personas creciendo y olvidando, pero siempre quedan las cicatrices y los regocijos de los primeros años.

No en vano las teorías psicoanalíticas siguen vigentes. Se lleva a cuestas la relación con el padre y la madre. Se hereda el dolor y la culpa de ambos. Se tienen que digerir sus diferencias, sus traiciones, su amor mutuo o su odio.

En Latinoamérica, una buena parte de los niños tuvieron que crecer sin figura paterna, han sido las madres las que han cargado con todo y nos han tratado de sacar adelante.

En plena edad de la inocencia, llegan a pensar que la felicidad era simplemente lograr juntar a los padres y formar algo tan simple como una familia.

Hablemos de una película maravillosa: *Cinema Paradiso* de Giuseppe Tornatore, con música del fantástico Ennio Morricone.

El pequeño Totó crece en un pequeño pueblo siciliano. Su mejor amigo es el viejo proyeccionista del teatro de cine del Palazzo Adriano. El niño, bastante travieso, huye a diario de los gritos de su madre y se refugia en la sala de proyección, colaborando en el montaje de las cintas y otras cosas.

Ayuda también a recortar pedazos de las películas que el párroco del pueblo ha pedido que no se proyecten, la famosa censura de la época de Mussolini. Nada de besos, ni desnudos. Cuando se cortaba la película, los pintorescos espectadores sicilianos gritaban «¡No!». Al parecer les quitaban quizás lo mejor de cada filme, la felicidad del beso final.

El viejo Alfredo se convierte en una figura paterna. Le enseña al niño las cosas del amor y de la vida a través de la magia del cine. Suelen compartir las películas que se proyectan en la sala, las ven desde la pequeña ventana del proyeccionista. Filmes épicos americanos, *La Terra Trema* de Visconti, el inolvidable Chaplin: *Dr. Jekill y Mr. Hide* con Ingrid Bergman y Spencer Tracy. El hermoso y sensual Rodolfo Valentino. La Dietrich en *El Ángel Azul. Lo que el viento se llevó. Casablanca* con Humprey Bogart. *Riso Amaro* con la voluptuosa Silvana Mangano. *Los Inútiles* de Federico Fellini. *Y Dios creó a la mujer* con Brigitte Bardot. *El grito* de Antonioni. *Pobres pero guapos* de Dino Risi. *Umberto D* del incomparable Vittorio de Sica y *Vacaciones en Roma*, entre muchas otras. Un viaje maravilloso e inolvidable que ilumina las miradas de los protagonistas y las nuestras.

El tiempo pasa, el viejo después de tanta luz y tantas historias queda absolutamente ciego. Totó pasa a ser el nuevo proyeccionista. Alfredo lo acompaña y sigue guiando la faena. Años después, Totó sale del pequeño pueblo y se va para Roma a buscar su futuro. Se despide para siempre de su maravilloso cómplice.

Regresa años después para el funeral de despedida del viejo amigo. Vuelve a la casa de la infancia, abraza a su madre y recibe un regalo infinito: una lata de cine que le ha dejado Alfredo.

Viene entonces uno de los momentos más sublimes de la historia del cine. Salvatore, Totó, un hombre ya mayor de cuarenta años, se sienta solo en el remodelado Nuovo Cinema Paradiso y pide que le proyecten la lata.

Empiezan a aparecer uno por uno todos los recortes que nunca se pudieron ver en su infancia. Los cincuenta besos más apasionados del cine de mediados de 1900: el de Vittorio Gassman y Silvana Mangano en *Riso Amaro*, el de Cary Grant y Rosalind Russell en *Luna nueva*, el que Jane Russell da a la cámara en *El forajido*, los de Charlie Chaplin y Georgia Hale en *La quimera del oro*, el de Errol Flynn y Olivia de Havilland en *Robin de los bosques*, el de Rodolfo Valentino en *El hijo del Caíd*, el de Vittorio Gassman en *El caballero misterioso*, el de Anna Magnani en *Bellíssima*, los de Greta Garbo y John Barrymore en *Grand Hotel*, los de Spencer Tracy e Ingrid Bergman en *El extraño caso del Dr. Jekyll* o el de Clara Calamai en *La cena delle beffe*.

Un beso es siempre un final feliz. Les dejo estos recortes cinematográficos, esta felicidad que produce el cine en todos nosotros, la más alucinante de las felicidades.

Este viaje cinematográfico continuará.

SANTIAGO PULECIO BRAVO
@puleciobravo

(Bogotá 1968) Escritor siempre. Poeta de muchos recitales. Periodista cultural en los años 90. Ensayista. Director creativo: se dedicó 25 años al tejido de todo tipo de brevedades. Hoy se dedica a la creación de ficción y documentales. Los años que le quedan estarán destinados preferiblemente a la literatura.

Publicaciones: *Las Últimas Sombras* (2017- Poesía). Guiones Documentales: *Liu Bolin, el hombre visible* (2015), *El amor en los tiempos del Chat* (2016). Ensayos Publicados Diario *La Prensa* (1991-1993): *Metáforas de Huezo, Llueven sueños en la imaginación, Borges: Una sola cosa no hay, es el olvido. Leon de Greiff, poeta de la música fantástica, De la zoología fantástica al automatismo.*

SORAYA G. COSSÍO

MINDFULNESS, EL SECRETO DE LA FELICIDAD

¡Bienvenido/a!

A mi mundo del conocimiento emocional sobre la felicidad, donde todas las personas pueden sentirla y disfrutar de ella, pues conseguirla en realidad no es una meta, es más una actitud de trabajo diario y de entrenamiento. Mi intención es demostrarte que con la práctica podrás darle prioridad ¡incluso en los malos momentos!

Lo primero que puedes hacer es empezar a contemplar la felicidad como un estado mental que está formado por emociones positivas y satisfacción con la vida. Y dejar atrás el pensamiento equívoco de que para obtener tremenda dicha, necesites de suerte, dependas de lo que los demás te aporten y de los bienes materiales. Nada más lejos de la realidad, ya que para obtener la felicidad también hay un responsable, tú mismo.

Te voy a nombrar siete emociones que nos hacen sentir la felicidad y, además, te voy a dejar espacio para que seas tú quien continúe ampliando la lista y así puedas escribir otras siete emociones más que consideres necesarias para alcanzarla.

Me pido los puntos:

- Alegría *
- Satisfacción *

- Plenitud *
- Optimismo *
- Gozo *
- Gratitud *
- Serenidad *

Ahora te toca a ti.

¿Ya las tienes? Tómate el tiempo que necesites, no hay prisa. Te espero...

¡Ya! ¡Genial!

Entonces, continuemos. Seguro que estás pensado... ¿y qué hago con las emociones negativas?, ¿cómo hago para quitármelas de encima?

Te entiendo perfectamente, porque yo también he estado en la misma tesitura, hasta que decidí hacer algo para cambiar la situación. No te voy a engañar, mi aprendizaje ha sido intenso y extenso en el tiempo, de hecho, no me canso de crear y estar atenta a cualquier técnica nueva que me pueda aportar más conocimiento sobre este tema. Son varios los métodos que te podría comentar, pero entre tanto estudio y formación (que me han proporcionado el estar tan a gusto con mi existencia en estos momentos), he decidido seleccionar las herramientas de lo que hoy se conoce como *mindfulness* para compartirlas contigo.

¿Qué es el *mindfulness*? Es un conjunto de herramientas que está avalado por su eficacia en el ámbito de la salud y el bienestar. Con ellas se aprende a prestar atención de forma intencionada a lo que se hace en el momento presente sin juzgar, apegarse o rechazar lo que te toca vivir.

El motivo de dicha elección es porque me parece que es el método más fácil de explicar, sin tener que llegar a filosofar sobre el tema que nos ocupa, dando paso a la práctica en sí misma. También porque es a lo que me dedico a nivel profesional, pero sobre todo, porque es lo que yo utilizo para mí y, por ello, puedo dar fe del resultado positivo cuando necesito hacer desaparecer las emociones negativas, cada vez que me quieren atrapar, para boicotear mi felicidad. A veces, el proceso puede durar días o semanas, todo depende de la situación que me toque vivir, pero en otras ocasiones lo consigo al momento.

¿Podemos deshacernos de las emociones negativas? ¡Claro! No te quepa la menor duda. A esto se le llama GESTIÓN EMOCIONAL.

Para ahondar más en este tema, te agradezco que vayas a la pág. 173 y leas la metáfora de la felicidad. Cuando termines, por favor, vuelve a este punto.

¡Ya estás de vuelta!

Perfecto, sigamos profundizando y abriendo el camino hacia la felicidad.

Prueba a observar la nueva realidad sobre la felicidad desde el prisma de la metáfora que acabas de leer y créeme si te digo que tu forma de ver el mundo tendrá otro color.

¿Cómo se hace? Pues es tan sencillo como respirar y admitir que eres el mayor responsable del modo en que transcurre tu día y de la calidad de tu bienestar. Ya no te desgastes echando la culpa a los demás o a lo que te haya ocurrido, y deja de blasfemar la mala suerte que tienes, porque en realidad, lo que en verdad tienes es el poder de elegir la forma de gestionar tu reacción ante cualquier situación.

Llegó el momento de empoderarte y hacerte fuerte, ante la posibilidad de conocer los hábitos que te aportarán mayor felicidad. Trabaja la fortaleza de tu conocimiento emocional, porque saber discernir te aportará la capacidad de manejar tus emociones y así librarte por fin de que te invadan sin control.

¿En qué momento surge dicho poder de elección? Entre el momento exacto de observar lo que te está sucediendo y tu forma de responder. Aquí existe un espacio de tiempo llamado El INTERVALO, en el que existe la libertad de elección entre el estímulo y la respuesta. Puede ser más o menos corto o largo dependiendo de cada persona, pero no te quepa la menor duda de que existe y de que lo puedes utilizar para tomar la decisión de cómo reaccionar.

¿Qué hace la diferencia? Que hasta ahora no eras consciente de que este intervalo existía, ni de que te da la opción de decidir. Te animo a que empieces a observarte para poder reconocerlo. Aunque al principio no lo veas tan claro, no dejes de insistir. ¡No pierdes nada y cuando lo descubras, te aportará muchísimo!

Una buena forma de descubrir el intervalo es empezar a ser el observador de tu vida, que te obliga a vivir el momento presente y nada más. Imagina que estás viendo una película, en la que tú eres el protagonista, pero a la vez eres el espectador. Esta táctica ya te obliga a parar, a respirar, a descubrir esa tregua que te dará la oportunidad de realizar el cambio e incluso te evitará que te arrastren las circunstancias.

¿En tan poco tiempo se puede hacer tanto?

¡Ya lo creo! Piensa el tiempo que necesita una persona para arruinarse la vida… ¿segundos? Sin duda, por causa de sus propias decisiones.

A partir de hoy puedes utilizar esos segundos para hacerte la tuya más fácil. No esperes a que los demás te pongan la alfombra roja para ser feliz cuando esta dicha es un estado emocional que está en tus manos elegir. Consiguiendo un empoderamiento que te hará sentir… ¿feliz?

Por supuesto, siempre vas a agradecer los acontecimientos que te producen felicidad y que no dependan de ti, ni de tus acciones, pero desde ahora, con esta información ya no puedes pensar ni por un momento que no eres imprescindible para atraerla hacia ti, más bien, eres la pieza más importante de este rompecabezas. Imagina qué satisfacción tan grande puede ser tener habilidades que te ayuden a superarte y a evolucionar por ti mismo. Recupera tu poder… La felicidad también está en ti.

Una pregunta muy común al empezar la práctica es: «¿Y si no hago una buena elección a pesar de prestar atención?».

Incluso en el caso de que hayas hecho una mala elección en lo que se refiere a tu forma de reaccionar, piensa que el simple hecho de darte cuenta de que no ha sido la correcta te está enseñando que hay otras opciones que te pueden hacer sentir mejor. Además, siempre tendrás nuevos intervalos para realizar los cambios necesarios. La vida está en constante movimiento y tus emociones también. ¿De verdad quieres seguir montado en una montaña rusa, mareado todo el tiempo?

¡Uf! ¿Y soportar todos los días esa desagradable sensación? ¿Que la mente y los sentimientos te invadan y se pongan de acuerdo en enviarte pensamientos con emociones desagradables, preocupaciones o inquietudes? ¿Que sin ser consecuente permitas que revoloteen a tu alrededor, llegando hasta provocarte náuseas u otros molestos síntomas que, encima, no te ofrecen una solución? ¡No, gracias! Ya no más… A partir de ahora, esta lectura es un compromiso hacia tu persona para bajarte de la montaña rusa cuando te venga en gana.

En la última hoja tienes un apartado titulado «Anotaciones». Te animo a que anotes las siguientes:

Herramientas para crea un vínculo con LA FELICIDAD:

1. GESTIÓN EMOCIONAL, observo y reconozco qué hay en mi red. Sin identificarme con la emoción, la acepto sin juzgar y decido qué quiero elegir de todas las opciones que tengo.
2. Vivir EL MOMENTO PRESENTE = A prestar la atención en la acción en sí = Es la clave para hacer desaparecer las emociones negativas.
3. Aprender a observar EL INTERVALO.
4. Una vez descubierto, utilizo EL INTERVALO para realizar los cambios necesarios que me proporcionarán felicidad.

Te vuelvo a esperar... 🙂

¿Ya lo tienes?

¡Pues venga! Estoy deseando contarte las siguientes pericias que te ayudarán a tener más visitas de tu amiga Felicidad.

Si estuviéramos frente a frente en una de mis clases de *mindfulness* sobre el tema, te imagino realizando la pregunta tan habitual que, con razón, suelo escuchar: «¿Cómo se consigue ser feliz cuando todo son dificultades?».

Como dijo la escritora Helen Keller (1880-1968), «Una vida feliz no consiste en la ausencia, sino en el dominio de las dificultades».

Las dificultades te sacan de la zona de confort y te obligan a encontrar la fórmula de ser feliz ante la adversidad. Como ser humano eres un gran transformador. Eres capaz de dar la vuelta a muchas situaciones... No existe la vida de color de rosa reiteradamente, si fuera así, permanecerías en pausa todo el tiempo. No podrías avanzar puesto que carecerías del movimiento, del libre albedrío y del maravilloso baile que el fluir de la energía del universo te proporciona.

Empieza a ser más flexible, aprende a bailar con la música que has puesto en tu camino, ya que es la que tú has sintonizado a causa de tus propias elecciones. Llora si tienes que llorar, vive el duelo si es lo que toca, enfádate si algo no te gusta o alguien te ha hecho mal, pero no te quedes ahí. Sigue avanzando, quémalo y transmútalo. De esta forma no te romperás y a pesar de sentirte vapuleado aún estarás entero, para volverte a levantar.

¡Anota!

5. Practicar la FLEXIBILIDAD

¿Cómo puedo entrenarla?

- Evita enredarte con alguien que te busca para discutir, te asegura un puesto más cerca de la felicidad.

- Evita cuestionar, menospreciar o criticar tus propias decisiones y las de los demás, ello te ayuda a ser libre y permitir que los demás también lo sean.

- Deja de ver tu camino lleno de charcos. Da gracias por lo que tienes en este momento para manejar la situación y así conseguirás elevarte de nuevo hacia la felicidad. No pierdas la motivación entre la tormenta. Incluso aunque sea un proceso largo, cada paso sumará.

- Aprovecha los traumas difíciles que te toque vivir para obtener un beneficio que te aporte recursos valiosos para el futuro.

Es la forma de adaptarte a lo que la vida te demanda y de no perder el enfoque y el camino a seguir a pesar del temporal. El premio es recuperar tu fortaleza con una mente en crecimiento y expansión… O sea, ¿felicidad?

¡Venga, solo quedan dos!

Este es un buen momento para volver a tomar nota.

Escribe:

6. Practicar LA PSICOLOGÍA POSITIVA

Anota esas cosas poco agradables que repites dentro de tu cabeza, al cabo del día, sobre ti, como un disco rayado. Como, por ejemplo: «Soy torpe, no valgo para nada, nunca lo conseguiré, todo lo hago mal, qué mala suerte tengo, todo me sale mal…».

¡Implícate! Es la única forma de obtener resultados… ☺

Si no sabes lo que tienes que cambiar en ti, nunca podrás avanzar. Aprende a vivir aceptando lo que eres y lo que puedes mejorar, con una actitud positiva, sin duda, te ayudará a realizar el cambio y llegarás más lejos.

Hay tantas cosas pequeñas, fáciles y amorosas que puedes hacer para alegrarte el día y sentirte mejor… Presta atención a los pensamientos que llevas a cabo, elige a las personas con las que vas, las situaciones que te elevan hacia la felicidad y te producen sensación de logro.

¡Ya las has anotado! ¿Esas cosas tan poco bonitas que te dices? ¿Seguro?

Pues ahora revisa lo anotado y dale la vuelta de forma positiva.

Ejemplo:

«Qué mal lo hago» lo puedes cambiar por «La próxima vez lo haré mejor».

«Todo me sale mal» por «¿Qué puedo hacer para cambiar dicha situación?».

«Nunca lo conseguiré» por «Puedo hacerlo».

Evalúa la situación en cada momento que te sientas mal, con la intención de dejar de machacarte. Pregúntate: ¿qué aspectos dependen de mí? , ¿cuáles no dependen de mí?, ¿puedo hacer algo para mejorar la situación? Haz lo posible y suelta lo que no puedes controlar, pero este paso lleva a una profunda meditación.

¿Que te vas a consultar con la almohada? (*o*)

No, no, espera… eso está bien para descansar y para no tomar decisiones precipitadas, pero… para realizar cambios importantes en tu vida… te propongo que anotes otra opción.

7. Practicar LA MEDITACIÓN

Fue mi tabla de salvación cuando me tocó ver la muerte de cerca con veinticinco años, siendo este hecho la gota que colmó el vaso entre otras muchas situaciones que no me hacían feliz. A raíz del accidente, mi única obsesión fue la de recuperarme físicamente, aceptar los cambios y romper con lo que ya no me servía para volver a crear mi propio sendero, sólido y lleno de posibilidades. Objetivos que pude cumplir gracias a los seminarios intensivos sobre la filosofía vedanta-advaita, la no-dualidad, práctica de meditación y estados de conciencia, en un periodo de tres años con Iván Oliveros (Sesha), experto en Filosofías Orientales, escritor prolífico y conferencista internacional. Hoy tengo cincuenta años y puedo decir que fue la mejor elección.

Sus seminarios me aportaron destreza para el autoconocimiento y el empoderamiento desde el amor y la comprensión de mí misma. ¡Eso sí! Con largas horas de meditación y trabajo intenso... que voy a abreviar para que esté a tu alcance de forma muy fácil, pues con la técnica de *mindfulness* se reduce el tiempo.

Las meditaciones pueden ser desde cinco minutos hasta quince como mucho. No es necesario más, a no ser que las alargues por decisión propia. Es muy sencillo, busca un lugar agradable y sobre todo tranquilo. Pon música relajante para que te ayude en el proceso. Puedes sentarte en una silla con la espalda recta, con los pies bien apoyados en el suelo y las manos apoyadas encima de los muslos. También puedes tumbarte en la cama boca arriba, sin cruzar manos y pies o utilizar la postura de flor de loto, tan conocida en estos tiempos. Inspira por la nariz, cuenta hasta cuatro mientras lo haces, mantén el aire unos segundos y suelta el aire por la nariz de nuevo y cuenta hasta ocho. El truco es que la exhalación siempre sea más larga y expulsada por la nariz.

Escucha y siente cómo entra y sale el aire por tu nariz, y cómo recorre todo tu cuerpo. Pon atención plena en este momento, es la forma más rápida de calmar la mente y soltar la tensión del cuerpo. No tengas la menor duda de que, en el proceso, la mente insistirá con distintos pensamientos o emociones; cuando esto suceda vuelve a prestar atención absoluta a tu respiración. Empieza con cinco minutos al día, date este pequeño tiempo para ti a modo de regalo y vete aumentando poco a poco hasta quince minutos. Aprovéchalos para parar, escuchar a tu cuerpo y a tu alma, porque cuando lo hagas, sintonizarás con tu bienestar y, junto con las anteriores herramientas, potenciarás más las vibraciones de la felicidad, siendo el punto de inflexión de tu batalla.

Cuando tengas esos días en los que hubieras preferido no levantarte de la cama... porque solo te ha servido para caer, vuelve a levantarte y concéntrate en hacerte la vida más fácil, dentro de la situación. Tira de los recursos que te he aportado, haz la diferencia y no renuncies a la felicidad. Busca la puerta de nuevo. Pon tus cinco sentidos a trabajar en disfrutar de un paseo por la naturaleza, o en la apreciación del canto de un pájaro, en observar el cielo, o en escuchar una canción que te ayude a levantar el ánimo, incluso en disfrutar del saboreo de la comida del día.

Recuerda que siempre puedes tomar la decisión de conectar con LA FELICIDAD. De esta forma cambias la percepción de lo que dabas por hecho que era tu realidad y la impresión del mundo que te rodea.

Deja que la Felicidad te guíe en el camino y te susurre al oído todo lo que necesitas saber ♥♥♥

Metáfora de la Felicidad

Felicidad salió de su casa con la intención de dejarse ver y de conocer gente nueva que la quisiera acompañar en su paseo matutino. Le gustaba observar la vida que llevaban las personas y atender sus necesidades, incluso aunque el día estuviera gris, frío y lluvioso.

Mientras paseaba por la calle escuchó un lamento.

—¡Maldita sea! ¡Hoy no es mi día!

Felicidad se giró y observó que era el cartero del barrio. Estaba agachado, recogiendo las cartas que se le habían caído al suelo, por lo que decidió acercarse para ayudarle.

—¡Hola! Mi nombre es Felicidad y vengo a proponerte algo.

—¡Ya! Pues lo siento, pero estoy muy ocupado y no tengo tiempo para entretenerme contigo.

El cartero aceleró su paso intentando quitarse de encima a esa señora que amablemente le ayudó a recoger las cartas del suelo. Le resultaba familiar, sin embargo, en ese momento no recordaba de qué, y la verdad que le apetecía estar solo. Lo que no sabía es que Felicidad tenía mucha paciencia y a pesar de que percibió sus intenciones, decidió ir tras él.

—¿Estás seguro? Porque en realidad no tengo ningún empeño en robarte tiempo, sino, más bien, de hacerte sentir mejor.

—¡Ja, ja, ja! Qué graciosa eres, Felicidad, como si lo que dices fuera tan fácil. ¿Es que no eres capaz de ver que estoy en el peor momento del día, haciendo lo que menos me gusta?

—¿No te gusta repartir cartas?

—¡Pues no! No me gusta tener que pasarme toda la mañana andando de aquí para allá, y menos con este día tan desagradable, prefiero los días que tengo que quedarme en la central, al menos no paso frío y no me mojo.

—Claro, entiendo. Estás centrado en que lo que haces no te gusta y pensando en la mala suerte que tienes, creyendo que así, con ese tipo de energía, acabarás antes.

—¡Pues claro! ¿Acaso hay otra manera de hacer las cosas?

—Podrías ser más flexible. ¿Qué tal si pruebas a dejar de lado la sensación que te produce y te centras en ejecutar lo que tienes que hacer sin prejuicios?

—¡Eso es imposible! ¿Quieres que realice el trabajo sin una opinión preconcebida de lo que estoy haciendo?

—Sí.

—Entonces, no puedo hacer mi trabajo.

El cartero cada vez iba más rápido. Debió pensar que así Felicidad se cansaría de seguirle, le dejaría en paz y, así, podría continuar lamentándose sin que nadie le escuchase.

—¡Espera! ¡Insisto! Intenta salir de la sensación que te produce, sobre todo porque es desagradable para ti y está consumiendo tu energía, haciéndote sentir mal. Desvincúlate de ella y utiliza solo el conocimiento que necesitas para realizar el trabajo.

—No puedo sacar de la mente la sensación desagradable que me produce lo que hago, porque es parte de mí.

—¿Estás seguro? ¿No será, que más bien has decidido que sea parte de ti?

Imagina que eres un cazamariposas y en la red se quedan atrapadas las emociones que están divagando alrededor de ti constantemente. Que estén dentro de tu red no quiere decir que tengas la obligación de quedarte con todas, más bien te da la opción de seleccionar con cuál de ellas te quieres quedar para pasar el día. Prueba a elegir solo aquellas que te hagan la vida fácil y créeme si te digo que te sorprenderás muy positivamente.

—¿Me estás diciendo que yo no soy mis emociones ni lo que pienso?

—En realidad eres el recipiente, esa red donde se quedan atrapadas tus emociones, tanto las positivas como las negativas y todos tus pensamientos en torno a ellas.

Teniendo esta información, tal vez podrías actuar como observador de lo que tienes dentro de ti, puesto que eres el único con el poder de elegir lo que tú quieres pensar y sentir, ya que yo, Felicidad, siempre estoy disponible en tu red, pero eres tú quien decide construir tu día conmigo o con otro estado emocional.

—¡Ja, ja, ja! De acuerdo, pues ya que insistes, me quedaré contigo.

—¡Buena elección!

—Un placer conocerte, Felicidad. ¿Quieres seguir caminando a mi lado, bajo la lluvia, para hacerme el día más agradable mientras reparto las cartas que me quedan?

—¡Por supuesto! Será un honor, pero con una condición. Durante todo el proceso y hasta el final de tu jornada laboral, tienes que enfocarte en el momento presente.

—¿Y eso cómo se hace?

Pon toda tu atención en las acciones que necesitas ejecutar para realizar tu trabajo porque de esta forma, a pesar de que no te guste lo que haces, serás más feliz que si tu mente está divagando. Y como me has elegido, yo estaré a tu lado durante todo el proceso.

—De acuerdo, supongo que, por intentarlo, no pierdo nada.

El cartero se concentró en la acción en sí, permitiéndose vivir el momento presente y nada más. Felicidad abrió el paraguas que llevaba con ella, con la buena intención de proteger al cartero de la lluvia y hacerle el día más agradable.

«Porque cuando escogemos LA FELICIDAD,
hasta la lluvia deja de molestar».

☺ Ya puedes regresar a la pág. 167.

SORAYA G. COSSÍO
@sorayamindfulnesstrainig

Nacida en Bilbao, y afincada en Portugalete, Bizkaia, la autora es escritora, titulada como experta en *mindfulness*, gestión emocional y psicología positiva y diplomada como naturópata especializada en técnica de polaridad y yoga de polaridad. Fundadora del Centro de Naturopatía y Desarrollo personal Izadi 2004/2012 y tras diecisiete años como profesional en este ámbito, en la actualidad ejerce como profesora de *mindfulness*, gestión emocional y psicología positiva. Escribe sobre técnicas y herramientas de *Mindfulness* en su blog y es autora de *Beaghmore y el códice escondido*, su primera novela de ficción y desarrollo personal para adolescentes. También es autora de relatos de romance-eróticos, junto con tres autores más bajo el título de *Cuatro noches entre sábanas*. Sin duda queda claro que escribir es una de sus vocaciones al decidir involucrarse de nuevo en esta iniciativa de grupo. Actualmente está implicada en más proyectos a nivel literario de desarrollo personal para adolescentes, que espera que pronto salgan a la luz.

https://sorayagcossio.blogspot.com/

https://www.facebook.com/sorayagcossio.autora/